桥艺测试第一辑②

投人打法与将牌妙招测试

[英]大卫·伯德
[澳]蒂姆·伯克　著
连若旸　康　蒙　黄水怒　译

成都时代出版社

四川省版权局
著作权合同登记章
图进字 21-2015-177 号

图书在版编目（CIP）数据

投入打法与将牌妙招测试 / （英）伯德，（澳）伯克著；连若旸，康蒙，黄水怒译. -- 成都：成都时代出版社，2015.12
（桥艺测试. 第一辑）
ISBN 978-7-5464-1495-9

Ⅰ. ①投… Ⅱ. ①伯… ②伯… ③连… ④康… ⑤黄… Ⅲ. ①桥牌-基本知识 Ⅳ. ①G892

中国版本图书馆 CIP 数据核字（2015）第 230259 号

桥艺测试第一辑②. 投入打法与将牌妙招测试
QiaoYi CeShi DiYiJi ②. TouRu DaFaYu JiangPai MiaoZhao CeShi
［英］大卫·伯德　［澳］蒂姆·伯克　著
连若旸　康　蒙　黄水怒　译

出 品 人　石碧川
责任编辑　曾绍东
封面设计　陈二龙
版式设计　陈二龙
责任校对　陈　硕
责任印制　干燕飞

出版发行　成都时代出版社
电　　话　（028）86619530（编辑部）
　　　　　（028）86615250（发行部）
网　　址　www.chengdusd.com
印　　刷　三河市华晨印务有限公司
规　　格　140mm×215mm　1/32
印　　张　13.4375
字　　数　430 千字
版　　次　2015 年 12 月第 1 版
印　　次　2015 年 12 月第 1 次印刷
印　　数　1-5000 册
书　　号　ISBN 978-7-5464-1495-9
全套定价　76.00 元（共四册）

目录 Content

如何实施投入和将牌妙招

本书涵盖了两个终局时的技巧——投入和将牌妙招。在这个简短的前言里,我们将逐一涉猎。

投入打法背后的理念就是在某一特定的时候,放弃出牌权给一位防守人,使他在回牌时被迫放弃一个赢墩。例如他手中可能只剩下♡**K-J-9-3**,只能让你在一手持有♡**Q**、另一手持有♡**A** 的情况下得到两墩牌(在本系列丛书前面的某册中我们已介绍过消去打法,该打法要求庄家必须在明暗两手中都至少留有一张将牌;在本书中我们将研究无将定约中的投入打法,或是不存在将吃垫牌因素的有将定约)。

为了确保投入打法可以奏效,你必须先剥光你计划投入一方的安全脱手张。让我们来看一个简单的例子:

	♠6 5 2 ♡Q 3 2 ♢K J 8 4 ♣K J 6	
♠K Q J 10 4 ♡K J 4 ♢Q 5 ♣9 7 2	N W E S	♠8 3 ♡9 7 5 ♢10 9 7 3 ♣10 8 4 3
	♠A 9 7 ♡A 10 8 6 ♢A 6 2 ♣A Q 5	

西家开叫 **1**♠后,你主打 **3NT** 定约。他首攻♠**K**,你忍让第一轮,并赢进黑桃续攻。东家在第二轮上跟出了黑桃,你已确知黑桃

是 5-2 分布。当你出方块 A 和另一轮小方块时,西家在第二轮跟出了 Q,你用明手的 K 赢进。你兑现♢J 来试试运气,但发现方块是 4-2 分布。现在怎么办?

你有八个赢墩在手，并只能寄希望于通过♡Q 来获得第九个赢墩。简单的朝♡Q 引小红心是不能奏效的,因为西家将会用♡K 站住,并兑现三个黑桃赢墩从而击宕定约。你的目标是用黑桃投入西家,迫使他从♡K 中引出红心。为了防止他用梅花安全脱手,你需要先兑现三轮梅花。两位防守人都跟出了,还剩下这些牌张:

	♠6 ♡Q 3 2 ♢8 ♣—	
♠J 10 4 ♡K J ♢— ♣—	N W E S	♠— ♡9 7 5 ♢10 ♣10
	♠9 ♡A 10 8 6 ♢— ♣—	

重要的时刻到了——你打出♠9,西家只能赢进。继续兑现两个黑桃赢墩后,在第十二墩牌上,他将要在持有♡K 的情况下出红心。你用红心 Q 和 A 取得了最后两墩牌,完成定约。

由于 1♠开叫为你揭示了牌张分布，完成这一牌例很轻松。下面让我们再来看一个投入打法的牌例，在这一类型的牌例中，防守方有机会来欺骗你。

西	北	东
	♠8 7 5 2 ♡A 8 3 ♢8 5 ♣Q J 6 4	
♠K 9 4 ♡10 6 ♢K Q J 10 7 3 2 ♣8		♠J 10 6 3 ♡Q J 7 5 4 ♢— ♣10 9 3 2
	♠A Q ♡K 9 2 ♢A 9 6 4 ♣A K 7 5	

西家开叫 3♢,两家不叫后,你叫了 3NT 并成为最终定约。在东家垫了一张红心后,你赢进了♢K 首攻。在你兑现四轮梅花时,西家垫掉一张黑桃和一张红心,并随后放弃了一个方块赢墩。

你有八个大牌赢墩,如果黑桃飞牌成功将带给你第九墩牌。要是西家持有♠K 怎么办?如果他在终局时保留了两张黑桃,你就有机会用方块投入他,迫使他回黑桃。在保留这一选择的前提下,你决定先兑现你的两个红心顶张。西家跟出了第一轮红心,所剩牌张如下:

西	北	东
	♠8 7 5 2 ♡A 8 ♢8 ♣—	
♠K 9 ♡— ♢Q J 10 7 3 ♣—		♠J 10 6 3 ♡Q J 7 ♢— ♣—
	♠A Q ♡9 2 ♢9 6 4 ♣—	

显然现在你还不能投入西家,因为他还持有足以击宕定约的五张方块。你必须出红心到 A。西家应该在这轮牌上垫什么呢?许多(可能是绝大多数)防守人会垫掉另一个方块赢墩。在已知西家还留有两张黑桃的前提下,对你来说用方块脱手是显而易见的

打法。在继续兑现完三个方块赢墩后，西家不得不出黑桃钻入你的♠A-Q。定约完成！

一个更狡猾的对手会垫掉♠9，把他的♠K 留成单张。现在你的任务没有那么轻松了。想要完成定约，你必须要猜断是哪一位防守人持有♠K。如果你判断是东家持有这张牌，你就需要进行飞牌；而如果相反你判断是西家持有♠K，并有足够的智慧和胆识垫成了单张 K，你就得打出♠A 击落♠K。

投入打法可能听起来不是那么富有魅力，这是因为没有人赐予它一个动听的名字。但正如我们所见到的那般，它是一种富有技巧的精妙打法，值得引起我们足够的重视。

接下来让我们来看看将牌妙招。这一技巧可以使你在一手牌中已经没有将牌，因而不能进行简单飞牌去擒获防守方将牌大牌的情况下，也能避免一个将牌输墩。下面是一个典型的例子：

	♠A 4 ♡A 5 4 ◇A 9 5 3 ♣A 9 5 4	
♠2 ♡J 8 7 3 ◇Q J 10 7 ♣J 8 7 3	N W E S	♠J 9 8 3 ♡10 9 6 ◇8 4 2 ♣Q 10 6
	♠K Q 10 7 6 5 ♡K Q 2 ◇K 6 ♣K 2	

当同伴告诉你他持有全部四个 A 时，你信心满满地叫到了 7♠。西家首攻◇Q，你用 K 赢进。你兑现将牌 A 和 K，希望能够提前声称完成定约，但西家令你失望的在第二轮将牌上示缺了。现在怎么办？

你计划取得六个将牌赢墩，再加上七个边花赢墩。为了达成这一目标，你必须让暗手将吃两次低花。同时你还需要在第十二墩牌时停在明手，从明手朝着你暗手剩下的将牌 Q-10 引牌。

你用◇A 过桥到明手,暗手将吃一次方块;接下来你兑现梅花 K 和 A,并将吃一次梅花。现在你(屏住呼吸)依次兑现红心 K、Q 和 A。成功了! 东家都跟出了红心。你到达如下终局:

	♠— ♡— ◇9 ♣9	
♠— ♡— ◇J ♣J	N W E S	♠J 9 ♡— ◇— ♣—
	♠Q 10 ♡— ◇— ♣—	

不论你从明手出哪一张牌,你的将牌间张都能够取得剩下的两墩牌。这一牌例中要记住的重点是什么呢? 你需要缩减你的将牌使其和东家等长。看看上面的牌型表,假设你最后剩下的三张牌是♠Q-10-7。情况不妙,是不是? 你将不得不在第十一墩时将吃明手的一张牌,并从你的♠Q-10 中引牌。

也许你曾听到过牌手们讨论“减将”打法。它的含义就是让你有计划地让长将牌一手的将吃,最终达到全取将牌赢墩的目的。

有时你并不需要从明手向你的将牌间张引牌, 你可以投入任意一个防守人,使他被迫给你最后两墩牌。这正是下面这一牌例中所发生的情况:

	♠A 4 3 ♡10 4 ◇A 7 5 3 ♣A J 7 4	
♠J 10 9 7 ♡2 ◇Q 10 2 ♣K 9 8 6 3	N W E S	♠8 5 2 ♡K 8 6 5 ◇J 9 4 ♣Q 10 5
	♠K Q 6 ♡A Q J 9 7 3 ◇K 8 6 ♣2	

以叫牌激进著称的你，持南家的牌最终叫到了6♡。西家首攻♠J，你让明手赢进，并出♡10飞牌成功。你续出将牌到Q，当西家示缺时，你只得搁置了你原本要宣称完成定约的计划。你无法用直接飞牌的方式擒住东家的♡K，在方块中还有一个明显的输墩。有何对策吗？

在类似这样的牌例中，你必须计划在六个边花赢墩之外再取得六个将牌赢墩。第一步是兑现♠K和♠Q。无论如何你都需要东家至少持有三张黑桃，你并不希望他在你暗手将吃梅花时垫掉一张黑桃。当这一步成功完成后，你用♣A过桥到明手，将吃一次梅花；随后你兑现方块的K和A，并再将吃一次梅花。

通过将吃两次梅花，你的将牌数目缩减为和东家一样的两张。下面是你达成的终局：

	♠— ♡— ◇7 5 ♣J	
♠— ♡— ◇Q ♣K 9	N W E S	♠— ♡K 8 ◇J ♣—
	♠— ♡A J ◇8 ♣—	

正如你所看到的那样，此时并不需要过桥进入明手来朝着你的将牌间张引牌。你只需要简单地用方块输张脱手就可以了。哪一位防守人赢进这一墩牌并无区别。你可以稳稳地用你的♡A-J盖过东家的♡K-8，确保得到最后两墩牌。

以上就是对本习题册所涉及的两种技巧的一个简要介绍，接下来的三十六道题目中包含混杂了投入打法和将牌妙招。观众已就坐，幕布正升起，现在是你要粉墨登场的时刻了！

习题 1

♠6 4
♡9 8 2
◇A K 10 2
♣A 8 5 2

首攻♡K

♠A K Q J 9 7
♡10 6
◇8 5
♣K 4 3

西	北	东	南
		2♡*	2♠
不叫	3♡	不叫	4♠

西家续攻第二轮红心到东家的 J。你用♠A 将吃第三轮红心，西家垫掉一张梅花。当你兑现♠K-Q 时，东家先跟出♠8，随后垫掉一张红心。现在如何继续？

习题 2

♠A J 8 6 3 2
♡A 8 7 2
◇K 5
♣6

首攻♡K

♠10
♡5
◇A 10 7 4
♣A K Q 10 7 5 3

西	北	东	南
			1♣
不叫	1♠	不叫	3♣
不叫	3♡	不叫	5♣
不叫	6♣	全不叫	

防守 6♣，西家首攻♡K。你计划如何做庄？你能在东家或者西家持有♣J-×-×-×时完成定约吗？

习题 3

♠A K Q 3
♡10
◇K Q J 10 4
♣A 5 3

首攻♡9

♠8 6 4 2
♡A 7 3
◇A 9 6 2
♣Q 6

西	北	东	南
		3♡	不叫
不叫	加倍	不叫	4♠
不叫	4NT	不叫	5♡*
不叫	6♠	全不叫	

你赢进红心首攻并兑现将牌 A 和 K，东家在第二轮上示缺。你的做庄计划是什么？

习题 4

♠A 9 5 4
♡K 5 3
◇8 7 5 4
♣K 2

首攻♡10

♠10
♡A 8 7
◇A K Q 9 6
♣A 10 6 5

西	北	东	南
			1◇
不叫	1♠	不叫	2♣
不叫	3◇	不叫	6◇
全不叫			

你用♡K 赢进首攻的♡10 并清一轮将牌，东家示缺。你计划如何完成这一满贯定约？

解答 1

	♠6 4 ♡9 8 2 ◇A K 10 2 ♣A 8 5 2	
♠10 5 3 2 ♡K 5 ◇Q 9 7 3 ♣J 10 7	N W E S	♠8 ♡A Q J 7 4 3 ◇J 6 4 ♣Q 9 6
	♠A K Q J 9 7 ♡10 6 ◇8 5 ♣K 4 3	

西	北	东	南
		2♡*	2♠
不叫	3♡	不叫	4♠
全不叫			

西家首攻♡K 并续攻第二轮红心到东家的♡J。你用♠A 将吃第三轮红心，西家垫掉一张梅花。当你兑现将牌 K 和 Q 时，东家先跟出♠8，随后垫掉一张红心。你将如何继续？

为了完成定约，你必须全取手中的六墩将牌和边花中的四个赢墩。第一步是兑现方块 A 和 K 并将吃一次方块。当你这样打时，东家在第三轮跟出◇J，西家跟出◇9。

你如何解读方块花色的持牌？如果西家原始持有◇9-7-3，在你将吃第三轮红心时他势必会垫掉一张方块(足以击宕定约的防守)。因此他更像是原始持有◇Q-9-7-3，在这种情况下你就能够用手中的将牌再将吃一次方块。你兑现梅花 K 和 A，从明手打出最后一张方块。东家示缺(果然如此！)，你用♠9 将吃，随后声称完成定约。

解答 2

♠A J 8 6 3 2
♡A 8 7 2
◇K 5
♣6

西	东
♠Q 9 7 4	♠K 5
♡K Q J 9 4	♡10 6 3
◇8 6 2	◇Q J 9 3
♣8	♣J 9 4 2

♠10
♡5
◇A 10 7 4
♣A K Q 10 7 5 3

西	北	东	南
			1♣
不叫	1♠	不叫	3♣
不叫	3♡	不叫	5♣
不叫	6♣	全不叫	

防守你的梅花小满贯，西家首攻♡K。如果防守方的方块是 **4-3** 分布，你就可以安全地让明手将吃一张方块而不会被超将吃；之后只要将牌不是 **4-1** 分布就一切顺利。在东家持有♣J-×-×-×时，你能找出幸免于难的办法吗？

为了对东家成功实施将牌妙招，你需要缩减三次手中的将牌。你不能承受浪费掉明手的任何一个进张，于是必须在第二轮时就将吃一次红心。接着你用◇K 过桥，再将吃一次红心。当你兑现◇A 并将吃一次方块时，防守方都跟牌了，但没有出现有人持有◇Q-J-×的奇迹。

你兑现♠A，暗手将吃一次黑桃，使得你的将牌只剩下 **A-K-Q-10**。所剩牌张如下：

	♠J 8 6 3 ♡8 ◇— ♣—	
♠Q 9 ♡Q J ◇— ♣8	N W E S	♠— ♡— ◇Q ♣J 9 4 2
	♠— ♡— ◇10 ♣A K Q 10	

你兑现将牌 A 和 K，非常高兴地看到西家在第二轮上示缺。为何如此？因为你前期做出的精心准备即将结出胜利的果实！你用你的方块输张脱手，现在可以确定用手中剩下的♣Q-10 赢得两墩。

如果是西家原始持有♣J-×-×-×会怎样？前景不如刚才的乐观。你需要西家在持有四张梅花的同时还持有四张方块。在正确选择了将吃、剥光西家在高花中的牌张后，你将使西家只剩下◇Q♣J-×-×-×。在你兑现两轮将牌顶张后，东家示缺。当你用你的最后一张方块脱手时，西家只得赢进，并引牌进入暗手的♣Q-10。你将有故事可吹了！

解答3

	北	
	♠A K Q 3 ♡10 ◇K Q J 10 4 ♣A 5 3	
西 ♠J 10 9 7 ♡9 4 ◇8 ♣K 10 9 8 4 2	N W E S	**东** ♠5 ♡K Q J 8 6 5 2 ◇7 5 3 ♣J 7
	♠8 6 4 2 ♡A 7 3 ◇A 9 6 2 ♣Q 6	
	南	

西	北	东	南
		3♡	不叫
不叫	加倍	不叫	4♠
不叫	4NT	不叫	5♡*
不叫	6♠	全不叫	

防守你的黑桃小满贯，西家首攻♡9。当你兑现将牌A和K时，东家在第二轮示缺。你的做庄计划是什么？

你不能用♠3和♠Q将吃你的两个红心输张，因为这样西家将会取得两个将牌赢墩。你的计划是将吃一个红心输张，并用第五张方块垫掉另一个红心输张。同时你还要避免在梅花上的输墩，唯一现实的机会就是投入西家，让他从♣K下引出梅花。

你用Q清第三轮将牌，并用◇A超吃明手的◇K。随后你用明手的最后一张将牌将吃一张红心，这起到了一箭双雕的作用——一方面通过将吃增加了一个赢墩，另一方面消去了西家的最后一张红心，为投入他做好准备。

你继续兑现方块Q和J。如果西家用他的大将牌♠J将吃，他将陷入终局打法，不得不抱着♣K引出梅花。让我们假设他拒绝将吃、转而垫梅花来试图延缓被投入的命运。所剩牌张如下：

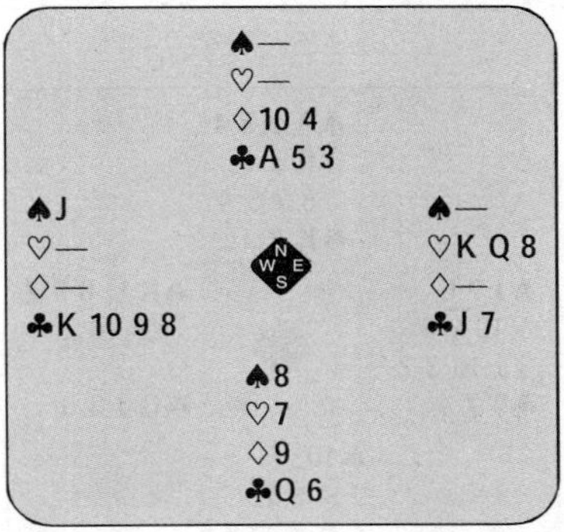

你打出精心保留的◇**4** 到◇**9**。如果西家此时将吃，同样会陷入终局打法；但继续垫梅花也无济于事。你随后将会用将牌投入给他的♠**J**。最终，他还是要从♣**K** 引出梅花，让你完成小满贯定约。

请注意如牌型表中所示，在还剩最后五张牌的终局时，从明手出◇**10** 是不正确的。西家可以在◇**10** 和◇**4** 上继续垫梅花，而你将会在剩余的牌张中交出两墩。

解答 4

	♠A 9 5 4 ♡K 5 3 ◇8 7 5 4 ♣K 2	
♠J 7 6 ♡10 9 4 ◇J 10 3 2 ♣9 7 4	N W E S	♠K Q 8 3 2 ♡Q J 6 2 ◇— ♣Q J 8 3
	♠10 ♡A 8 7 ◇A K Q 9 6 ♣A 10 6 5	

西	北	东	南
			1◇
不叫	1♠	不叫	2♣
不叫	3◇	不叫	6◇
全不叫			

一个限制性的叫品使你的牌大大升值，于是你加叫同伴的3◇到6◇。你用♡A赢进首攻的♡10并清一轮将,不幸的是东家示缺。你将如何努力来证明你的叫牌准确无误?

你有一个确定的将牌输墩,并在红心套上有一个明显的输墩。正如我们在本书中的许多牌例中所见到的那样，通过把握正确的出牌次序和时机,你将能够使两个输墩合二为一。现在你有五个边花赢墩,因此需要七个将牌赢墩来使总赢墩数达到十二。通过暗手将吃两次黑桃,可以使你获得其中的五个将牌赢墩;你的目标是让明手成功地将吃两次梅花来再取两墩。如果西家在任何一个时刻,选择在第二家大将吃梅花,你就让明手垫掉红心输张。

在第三墩时你用♠A过桥,接着将吃一次黑桃,兑现梅花K和A,并让明手将吃一次梅花。所剩牌张如下:

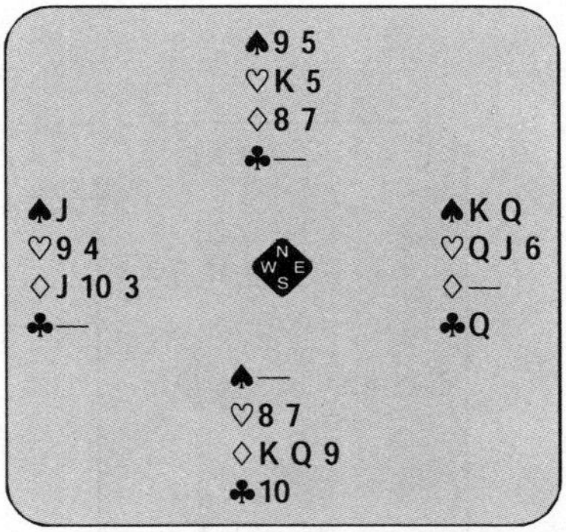

现在该明手出牌,一个隐蔽的陷阱正等着你。假设你接着将吃一次黑桃,并从手中引出♣10。西家用◇10将吃,你从明手垫掉一个红心输张。但你现在还是会打宕定约!西家将会用将牌脱手给你的Q,而你现在将会为堵塞的红心而头疼——你可以出红心到单张K,但当你想要回手去将吃红心时,西家的◇J将被提升。

所以在上面的局势下,你必须先兑现♡K。随后你再来将吃黑桃,局势如下:

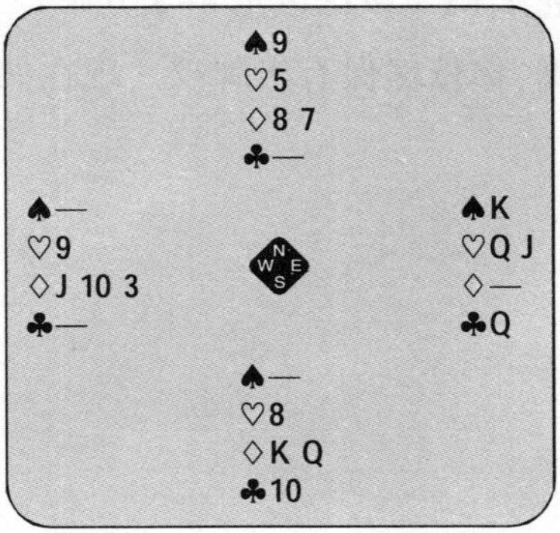

一切妥当。你出♣10,西家必须用◇10将吃。你垫掉明手的♡5,现在能够取得剩下的所有赢墩。如果西家回攻♡9,你让明手将吃;如果他回攻将牌,你在南家赢进后同样可以让明手将吃你的最后一张红心。

习题 5

♠9 7 5
♡8 7 3
♢6 2
♣J 10 9 7 3

首攻♠K

♠A 4 2
♡A K J
♢A K Q 7
♣A Q 4

西	北	东	南
			2♣
不叫	2♢	不叫	3NT
全不叫			

你赢进第三轮黑桃（该花色是 4-3 分布）。你出♣A 和♣Q，西家在♣Q 下垫牌，你依然保有出牌权。现在如何继续？

习题6

	♠Q 3 ♡Q 9 2 ♢10 7 5 2 ♣A 8 6 5	
首攻♣Q	N W E S	
	♠A K 7 6 5 2 ♡A K 5 ♢A K 3 ♣7	

西	北	东	南
			2♣
不叫	2♢	不叫	2♠
不叫	2NT	不叫	3♠
不叫	4♣	不叫	4♢
不叫	6♠	全不叫	

你如何制定做庄计划来防范将牌的恶劣分布？

习题 7

♠7 5 2
♡8 7 6 2
♢A K 3
♣A J 10

首攻♡Q

♠A K Q J 8 4
♡A K 3
♢J 10 2
♣7

西	北	东	南
	1♣	不叫	2♠
不叫	2NT	不叫	3♠
不叫	4♣	不叫	4♡
不叫	4♠	不叫	5♡
不叫	6♠	全不叫	

防守 6♠，西家首攻♡Q。你用 A 赢进，并兑现将牌 A，西家垫掉一张红心。现在如何继续？

习题 8

♠K 10 7
♡A K 6 3
◇A Q J
♣Q 3 2

首攻♡Q

♠A Q J 8 4
♡7 5
◇K 7 4
♣A 8 7

西	北	东	南
		3♣	3♠
不叫	5♠	不叫	6♠
全不叫			

西家首攻♡Q，你计划如何完成这一小满贯定约？（你在打牌过程中将会发现西家持有四张将牌）

解答5

	♠9 7 5 ♡8 7 3 ◇6 2 ♣J 10 9 7 3	
♠K Q J 8 ♡Q 9 5 2 ◇J 8 5 3 ♣5	N W E S	♠10 6 3 ♡10 6 4 ◇10 9 4 ♣K 8 6 2
	♠A 4 2 ♡A K J ◇A K Q 7 ♣A Q 4	

西	北	东	南
			2♣
不叫	2◇	不叫	3NT
全不叫			

防守 3NT，西家首攻♠K。由于你不怕任何换攻，忍让黑桃 A 直至第三轮是很明智的选择。东家三轮都跟出了黑桃，你继续出梅花 A 和 Q。西家在第二轮示缺，东家持梅花 K 忍让来切断你和明手之间的桥路。现在如何继续？

你取得第九个赢墩的唯一现实机会就是♡J。由于你自己无法进行红心飞牌，你只能寄希望于投入某一防守人，迫使他来替你出红心。下一步应该是兑现三轮方块，令防守方在这门花色上没有安全的脱手张。两位防守人都跟出了三张方块，所剩牌张如下：

	♠— ♡8 7 3 ◇— ♣J 10	
♠8 ♡Q 9 5 ◇J ♣—	N W E S	♠— ♡10 6 4 ◇— ♣K 8
	♠— ♡A K J ◇7 ♣4	

现在你应该用梅花还是方块脱手呢？假设你出梅花，投入给东家的♣K。的确，他只能回出红心，但你只能在东家原始持有♡Q时完成定约。如实际的牌张分布时，你将会打宕定约。

更好的思路是用方块脱手。当西家持有最后一张方块时，这将确保完成定约；而在东家恰好同时持有两门低花护张时，你也没有任何损失。当牌张分布确如我们在终局牌型表中所示时，西家将赢进方块。他接着兑现♠8，你垫掉你的梅花输墩。在第十一墩时，西家被迫引红心进入你的嵌张，你全取最后三墩红心——定约完成。

解答6

	♠Q 3 ♡Q 9 2 ◇10 7 5 2 ♣A 8 6 5	
♠9 ♡10 8 6 3 ◇J 9 4 ♣Q J 10 4 3	N W E S	♠J 10 8 4 ♡J 7 4 ◇Q 8 6 ♣K 9 2
	♠A K 7 6 5 2 ♡A K 5 ◇A K 3 ♣7	

西	北	东	南
			2♣
不叫	2◇	不叫	2♠
不叫	2NT	不叫	3♠
不叫	4♣	不叫	4◇
不叫	6♠	全不叫	

这手牌很难叫,但没有人能够否认 6♠ 是正确的定约。西家首攻♣Q,你计划如何做庄?

你有六个边花赢墩,只需将牌是 3-2 分布即可。如果将牌是 4-1 分布,将会如何发展变化呢?十二墩仍有可能,如果你能够让暗手将吃三轮梅花、再加上三个将牌顶张,总共取得六墩将牌的话。

由于明手的进张极少,你必须在发现将牌恶劣分布之前就开始这一拯救计划!在第二墩时让暗手先将吃一次梅花,然后再兑现将牌 A 和 Q。如果将牌是 3-2 分布,你就回到手中清光最后一张将牌。当牌张分布如牌型表中所示时,西家会在第二轮将牌时垫掉一张梅花。你让暗手再次将吃梅花,东家跟出♣K。现在如何继续?

答案是现在你需要非常仔细地出牌。如果你只是简单地用♡Q 过桥进入明手出一张梅花，东家将可以垫掉一张红心。此时你的确可以取得六墩将牌，但你将无法兑现到全部六个边花赢墩了。当你兑现第三个红心赢墩时，东家将可以将吃。你还要丢一墩方块，定约宕一。

所以你必须勇敢地在用红心 Q 让明手进手前，先兑现方块 A-K 和红心 A-K。东家如果一直都跟出了，这就是对你高超做庄技巧的奖赏。终局局势如下：

	♠— ♡— ◇10 7 ♣8	
♠— ♡10 ◇J ♣J	N W E S	♠J 10 ♡— ◇Q ♣—
	♠K 7 ♡— ◇3 ♣—	

你从明手引出最后一张梅花，东家在这门花色中还是否跟出已无关紧要。他能做什么呢？如果他垫掉◇Q，你将取得你的两墩将牌，让防守方在最后一墩牌上去争吵；如果相反东家用 J 或 10 将吃，你就垫掉你的方块输墩，并用将牌取得最后两墩牌。

解答 7

♠7 5 2
♡8 7 6 2
♢A K 3
♣A J 10

♠—
♡Q J 10 9 5
♢9 7 6 4
♣Q 8 6 5

♠10 9 6 3
♡4
♢Q 8 5
♣K 9 4 3 2

♠A K Q J 8 4
♡A K 3
♢J 10 2
♣7

西	北	东	南
	1♣	不叫	2♠
不叫	2NT	不叫	3♠
不叫	4♣	不叫	4♡
不叫	4♠	不叫	5♡
不叫	6♠	全不叫	

防守你的黑桃小满贯定约，西家首攻♡Q。你用A赢进并兑现将牌A，西家垫掉一张红心。现在如何继续？

树立起一个红心长套赢墩的思路不太可行。由于西家黑桃缺门，并已经垫掉了一张红心，几乎可以肯定他原始持有五张红心。你还能尝试什么其他的机会吗？你还可以进行方块飞牌，但这只有50%的机会。更好的方案是计划实施投入——东家将是你的目标。

你清四轮将牌，从明手垫掉一张红心。随后你兑现你的第二个红心顶张，来确保东家已经没有这门花色。所剩牌张如下：

北：♠—　♡8　♢A K 3　♣A J 10

西：♠—　♡J　♢9 7 6　♣Q 8 6

东：♠—　♡—　♢Q 8 5　♣K 9 4 3

南：♠8 4　♡3　♢J 10 2　♣7

现在你出梅花到J。东家用K赢进，被迫回攻一门低花。如果他出方块，你可以在这门花色中取得三墩，并用♣A垫掉你的红心输张；如果他回梅花，你就能够用梅花A和10垫掉两门红花色中的输张。

当西家原始持有♣K-Q-×时，会发生什么呢？如果他不分裂他的大牌，明手的♣J将得墩，你可以用♣A垫掉一张红心；如果西家冲上一张大牌，你就用♣A赢进并打出♣J，同时垫掉手中的红心输张。♣10将树立，可以用来垫掉一张方块。

解答 8

	北	
	♠K 10 7 ♡A K 6 3 ♢A Q J ♣Q 3 2	
♠9 6 5 3 ♡Q J 10 9 8 4 ♢10 6 5 ♣	N W E S	♠2 ♡2 ♢9 8 3 2 ♣K J 10 9 6 5 4
	♠A Q J 8 4 ♡7 5 ♢K 7 4 ♣A 8 7	

西	北	东	南
		3♣	3♠
不叫	5♠	不叫	6♠
全不叫			

北家跳叫 5♠,要求同伴在有梅花控制时加叫 6♠。西家首攻♡Q,你计划如何完成这一小满贯定约?

首攻不是梅花，显而易见东家确实像他的阻击叫所展示的那样持有七张梅花。你的目标应该是让他最后只留下♣K-J-10,然后通过两手放小用梅花投入给他。由于这种打法在他遭到投入后还持有红花色时将无法奏效，你必须尽一切努力去清除这些障碍。用A 赢进红心首攻,调四轮将清光将牌,东家垫掉了三张梅花。

如果东家原始持有三张红心,你可以通过兑现红心 A 和 K 并将吃一轮红心来剥光他这门花色。当你着手实施这一路线时,发现东家在第二轮红心时示缺了。现在怎么办?东家原始持有 1-1-4-7 牌型,他的第四张方块将对你构成威胁。下面是你面临的局势:

	♠— ♡6 ◇A Q J ♣Q 3 2	
♠— ♡J 10 9 8 ◇10 6 5 ♣—	N W E S	♠— ♡— ◇9 8 3 2 ♣K J 10
	♠8 ♡— ◇K 7 4 ♣A 8 7	

如果你接下来连续兑现三轮方块,定约将会宕掉。用梅花投入东家将无法奏效,因为他还有安全的方块脱手张。如果在三轮方块过后,你先兑现最后一张将牌,再用梅花投入东家,他将在将牌上垫掉一张梅花,并在你投入他后兑现◇9。

再来仔细观察一下上面的牌型表。先不兑现方块顶张,你应该先将吃一次红心(或是用◇K 回手兑现最后一张将牌)。东家将没有安全的垫牌。如果他垫掉一张梅花,在这门花色中仅留下双张,你就可以通过让送一轮梅花来建立起一个额外的梅花赢墩。所以他被迫垫掉一张方块。现在你可以兑现方块了,使东家仅剩下♣K-J-10。当你两手出小梅花时,东家不得不用♣10 赢进,随后只得从♣K 引出梅花,让你的♣A 和♣Q 分别得墩。

这一打法被称之为“剥光投入”——你在投入东家之前,先剥光他的安全脱手张(第四张方块)。

习题 9

♠K Q 7 3
♡2
◇K 7 3
♣A J 8 7 2

首攻♡K

♠A 8 6 5 2
♡A 9 4
◇A 6 5 2
♣3

西	北	东	南
			1♠
2♡	3♡	不叫	4♠
不叫	4NT	不叫	5◇*
不叫	6♠	全不叫	

你用 A 赢进首攻的♡K，并出小将牌到 K，西家垫掉一张红心。你如何应对这一挫折？

习题 10

♠K Q
♡K 6 3
◇7 5 3 2
♣10 9 6 3

首攻♡K

♠A 10 8 5 4 2
♡A
◇A K
♣A K J 7

西	北	东	南
			2♣
不叫	2NT	不叫	3♠
不叫	4♠	不叫	6♠
全不叫			

你如何让自己有最大的机会取得十二墩牌？

习题 11

	♠3 2 ♡Q 9 5 2 ◇A K Q 4 2 ♣A 9
首攻♣K	
	♠A K 9 4 ♡A K 7 3 ◇8 ♣8 7 6 4

西	北	东	南
	1◇	不叫	1♡
3♣	4♡	不叫	4♠
不叫	5♣	不叫	6♡
全不叫			

西家首攻♣K，你用明手的♣A 赢进。接着你出♡Q，西家示缺！当你从震惊中清醒过来时，准备如何继续做庄？

习题 12

♠K Q 8 5 3 2
♡6 2
◇A 6 4
♣A 5

首攻♣3

♠A 4
♡A K Q
◇K Q 7 3 2
♣Q 9 6

西	北	东	南
			2NT
不叫	3♡	不叫	3♠
不叫	6♠	全不叫	

西家首攻♣3。你用明手的 A 赢进，并出小将牌到 A，沮丧地看到东家示缺。现在怎么办？

解答 9

	♠K Q 7 3 ♡2 ◇K 7 3 ♣A J 8 7 2	
♠— ♡K Q J 10 7 3 ◇Q J 9 8 ♣K 10 5	N W E S	♠J 10 9 4 ♡8 6 5 ◇10 4 ♣Q 9 6 4
	♠A 8 6 5 2 ♡A 9 4 ◇A 6 5 2 ♣3	

西	北	东	南
			1♠
2♡	3♡	不叫	4♠
不叫	4NT	不叫	5◇*
不叫	6♠	全不叫	

你用A赢进首攻的♡K，并出小将牌到K，西家垫掉一张红心。你如何应对这一挫折？你有一个确定的将牌输墩，看上去你还至少要输一墩方块。你能看出有任何可以完成满贯的机会么？

你的目标是在取得四个边花赢墩的基础上，再得到八墩将牌。已经出了一轮将牌，因此你需要分别得到两手剩余的全部七张将牌。在第三墩时兑现♣A，并将吃一次梅花；你用♠3将吃一次红心后，将吃第二次梅花，再用♠7将吃红心回到明手；接下来你第三次将吃梅花，东家跟出了这门花色。成功兑现到方块A和K，目前你已经取到了十墩牌。所剩牌张如下：

	♠Q ♡— ◇7 ♣J	
♠— ♡J ◇Q J ♣—	N W E S	♠J 10 9 ♡— ◇— ♣—
	♠A ♡— ◇6 5 ♣—	

从明手打出最后一张梅花,你能够确保将最后两张将牌错开使用。你用♠A 将吃,取得第十一墩,明手的♠Q 将是第十二墩。

解答 10

北

♠K Q
♡K 6 3
♢7 5 3 2
♣10 9 6 3

西

♠6
♡Q J 10 8 5
♢Q J 9 4
♣Q 4 2

东

♠J 9 7 3
♡9 7 4 2
♢10 8 6
♣8 5

南

♠A 10 8 5 4 2
♡A
♢A K
♣A K J 7

西	北	东	南
			2♣
不叫	2NT	不叫	3♠
不叫	4♠	不叫	6♠
全不叫			

防守你的黑桃小满贯定约，西家首攻♡Q。如果牌张分布有利,可以全取十三墩。你如何让自己有最大的机会取得十二墩牌?

一个简单的做庄计划是:“如果我在将牌上有一个输墩，我就必须依靠梅花的飞牌”。一个好得多的做庄计划是:“如果东家持有♠J-×-×-×,我也许可以实施将牌妙招。这样我就不需要梅花飞牌成功了。”

在第二墩你出将牌到♠K过桥,都跟了。随后你兑现♡K,垫掉一张梅花,并将吃一次红心。这样做的目的是什么?开始用自己手中的小将牌将吃——缩减将牌为实施将牌妙招做准备，尽管你还不知道将牌是否是恶劣分布。

你兑现♢A-K,出第二轮将牌到明手的Q,西家示缺。恶劣的将牌分布是否令人烦恼?一点也不!你之前为实施将牌妙招所做的准备工作现在派上了用场。你将吃一次方块,使你的将牌长度缩减到和东家一样。所剩牌张如下：

北：
♠—
♡—
◇7
♣10 9 6 3

西：
♠—
♡J 10
◇—
♣Q 4 2

东：
♠J 9
♡9
◇—
♣8 5

南：
♠A 10
♡—
◇—
♣A K J

你依次打出梅花 A、K 和 J，西家用梅花 Q 赢进，东家垫掉一张红心。你的♠A-10 将盖过东家的♠J-9，确保取得最后两墩牌。

当然，如果梅花 J 换成一张小梅花，做庄路线将完全一样。持有♣J 是一个潜在的误区，导致一些庄家做庄时不够仔细。

解答 11

北：
♠3 2
♡Q 9 5 2
◇A K Q 4 2
♣A 9

西：
♠Q 10 5
♡—
◇J 9 6 5
♣K Q J 10 5 3

东：
♠J 8 7 6
♡J 10 8 6 4
◇10 7 3
♣2

南：
♠A K 9 4
♡A K 7 3
◇8
♣8 7 6 4

西	北	东	南
	1◇	不叫	1♡
3♣	4♡	不叫	4♠
不叫	5♣	不叫	6♡
全不叫			

防守你的红心小满贯定约，西家首攻♣K，你用 A 赢进。最佳路线是树立起北家的方块套。在方块是 4-3 分布时，只需进行一次将吃就够了，如果将牌是 3-2 分布，一切问题都解决了。

假如有一家持有四张（甚至是五张）将牌，那么更可能是东家，因为已知他短梅花。因此你先出将牌 Q，保留大将牌在东家后面。西家在第一轮将牌上示缺，你的第一直觉可能是“为什么这种恶劣分布让我遇到？我现在没有任何机会了！”在遇到这样的牌时，数数你的边花赢墩，从而决定你需要取得几墩将牌。在这里你有六个边花赢墩，因此要完成小满贯定约你还需要六个将牌赢墩。

你兑现两轮黑桃顶张，让明手将吃一次黑桃。下一步是兑现三个方块顶张，防守方都跟出了，你垫掉两张梅花。剩余牌张如下：

	北	
	♠— ♡9 5 ◇4 2 ♣9	
♠— ♡— ◇J ♣Q J 10 5	W N E S	♠J ♡J 10 8 6 ◇— ♣—
	♠9 ♡A K 7 ◇— ♣8	

现在怎么办？出方块不是个好主意，因为东家将垫掉他的最后一张黑桃。你虽然能够让你的♡7 得墩，但东家将最终取得两墩将牌从而击宕满贯。现在你必须出将牌，东家不能出♡6，否则你的♡7 将得墩；于是他冲上♡8，你用♡K 赢进。将吃一次黑桃回到明手后，情况如下：

	北	
	♠— ♡— ◇4 2 ♣9	
♠— ♡— ◇J ♣Q J	W N E S	♠— ♡J 10 6 ◇— ♣—
	♠— ♡A 7 ◇— ♣8	

现在是从明手出方块的时刻了。东家只能用♡10 将吃来阻止你的♡7 得墩。你垫掉你的梅花输张，东家不得不引牌钻进你的 A-7 间张中。简直不可思议，是不是？你在有一个确定的梅花输墩、并且将牌 5-0 分布的情况下，完成了小满贯。这就是那种通常只会发生在书本中的事情！

解答 12

	♠K Q 8 5 3 2 ♡6 2 ◇A 6 4 ♣A 5	
♠J 10 9 7 6 ♡10 8 4 3 ◇J 9 5 ♣3	N W E S	♠— ♡J 9 7 5 ◇10 8 ♣K J 10 8 7 4 2
	♠A 4 ♡A K Q ◇K Q 7 3 2 ♣Q 9 6	

西	北	东	南
			2NT
不叫	3♡	不叫	3♠
不叫	6♠	全不叫	

西家首攻♣3。你用明手的 A 赢进，并出小将牌到 A，东家示缺。还有什么办法能够拯救这个定约吗？

还有一线生机。当你朝明手引出第二轮将牌时，西家必须拆散自己的 J-10-9。否则你将用♠8 飘过，兑现将牌 K 和 Q 并愉快地继续兑现赢墩，仅输给西家唯一一墩将牌。你用♠K 赢进西家的♠9，现在必须尝试到达某种终局局势，使得你能够提升明手的♠Q-8-5 来取得两个赢墩。由于明手比西家长一张将牌，你还需要让桌上将吃一次来缩减将牌使得明手与西家等长。

西家必须持有三张方块，你的下一步就是兑现方块 A、K 和 Q，幸运的是西家都跟出了。当你打出第四轮方块时，西家只能在两种失败的防守中选择其一。让我们先来假设他垫掉了一张红心。你垫掉明手的梅花输张，并再出一张方块。如果西家继续垫牌，你就让明手将吃(尽管这是一个赢张——但你需要缩减明手的将牌)。接下来你兑现暗手的两个红心赢墩，达到如下终局：

	北	
	♠K 8 5 ♡— ◇— ♣—	
♠J 10 7 ♡— ◇— ♣—	N W E S	♠— ♡J ◇— ♣K J
	♠— ♡Q ◇— ♣Q 9	

你从暗手引出一张梅花(或是红心),西家用♠J 将吃。如果你用明手的♠K 超将吃,你将打宕定约。相反你必须用♠5 低将吃。现在西家只能从他的♠10-7 中引牌,落入明手的间张,让你取得最后两墩牌。

让我们回到第七墩，看看如果西家采用不同的防守将会带来哪些变化。下面是当时的局势：

	♠K 8 5 3 ♡6 2 ◇— ♣5	
♠J 10 7 ♡10 8 4 3 ◇— ♣—	N W E S	♠— ♡J 9 7 5 ◇— ♣K J 10
	♠— ♡A K Q ◇7 3 ♣Q 9	

如果西家用♠J 将吃下一轮方块,将会如何变化发展?

此时如果你还是垫掉梅花输张,定约将被打宕。你将没有足够的进张能够进入暗手，来将吃两轮梅花并回手形成将牌妙招的终局。你必须用明手的♠K 超将吃。随后你出红心回到暗手并再打出一轮方块:如果西家小将吃,一切都简单了;如果他大将吃,你垫掉一张梅花即可;如果他垫牌,你也要将吃,并兑现你剩余的两个红心赢墩,垫掉明手的最后一张梅花。随后你可以朝明手的♠8-5引梅花来实施将牌妙招。

习题13

♠K Q 6
♡A Q 8 5
◇A 8 4
♣K 6 4

首攻♡2

♠A 9 7 4 2
♡3
◇K Q 6 5
♣A J 2

西	北	东	南
		3♡	3♠
不叫	4NT	不叫	5♡*
不叫	6♠	全不叫	

你用♡A 赢进首攻，兑现将牌 K 和 Q，东家在第二轮时垫掉一张红心。你将如何继续？

习题 14

♠A K 8 5 3 2
♡3
◇K Q 2
♣K Q 5

首攻◇J

♠6
♡A K Q 9 7 6 5
◇4 3
♣A 10 2

西	北	东	南
	1♠	不叫	3♡
不叫	3♠	不叫	4♡
不叫	4NT	不叫	5◇*
不叫	6♡	全不叫	

西家首攻◇J，明手出K盖打，东家用A赢进。续攻◇8，明手用Q吃住。你将如何继续？

习题 15

北：
♠8 6
♡A 9 8 5
◇10 6 3
♣A J 7 3

首攻♣10

南：
♠A K Q 10 7 4
♡K 4 3
◇A K Q
♣4

西	北	东	南
			2♣
不叫	2NT	不叫	3♠
不叫	3NT	不叫	4♠
不叫	6♠	全不叫	

西家首攻♣10，你计划如何完成这一黑桃小满贯？

习题 16

♠7 5
♡A 8 4 3
◇J 10 5
♣Q 9 6 3

首攻♡K

♠A K 9 6 4 3 2
♡—
◇A K 6 2
♣A K

西	北	东	南
			2♣
不叫	2◇	不叫	2♠
不叫	2NT	不叫	4♠
不叫	6♠	全不叫	

西家首攻♡K。你计划如何完成你的小满贯定约？

解答13

	♠K Q 6 ♡A Q 8 5 ♢A 8 4 ♣K 6 4	
♠J 10 8 3 ♡2 ♢J 7 3 2 ♣Q 10 9 3	N W E S	♠5 ♡K J 10 9 7 6 4 ♢10 9 ♣8 7 5
	♠A 9 7 4 2 ♡3 ♢K Q 6 5 ♣A J 2	

西	北	东	南
		3♡	3♠
不叫	4NT	不叫	5♡*
不叫	6♠	全不叫	

防守你的黑桃小满贯,西家首攻♡2。你用明手的A赢进首攻,兑现将牌K和Q,东家在第二轮时垫掉一张红心。你应该如何继续?

你的首要任务是确保你不会再丢掉一墩方块。你兑现三个方块顶张,东家在第三轮上示缺。这不会引起任何问题,因为你可以简单的让明手将吃第四轮方块,长将牌的西家还有长方块跟出。现在你的任务是要避免梅花上可能存在的输墩,你有什么好办法来完成这项工作吗?

一个明显的路线是用♣J进行飞牌,但你可以做得更好。西家持有什么牌型呢?他已经显示有四张将牌、一张红心(他的♡2首攻证实东家的阻击确实是基于七张红心套)和四张方块。西家一定原始持有4-1-4-4牌型,从而他持有梅花Q的概率与没有梅花Q的概率比是4:3。

你应当计划用将牌投入西家,迫使他在持有梅花Q的情况下引出梅花。遗憾的是你无法完整地保留你的♣A-J 间张，因为你需要用♣A 来回到暗手，出将牌投入西家。用♣A 回手后，所剩牌张如下：

北：♠— ♡Q 8 5 ◇— ♣K 6

西：♠J 10 ♡— ◇— ♣Q 10 9

东：♠— ♡K 10 9 ◇— ♣8 7

南：♠A 9 7 ♡— ◇— ♣J 2

现在你打出将牌 A 和另一张将牌，让西家上手出牌。他用♣10 脱手，你让明手放小。判断正确！东家无力地跟出一张小梅花，你的♣J 赢进——小满贯收入囊中。

（如果西家显示持有五张方块，标明梅花是 3-4 分布，你就应该飞东家持有♣Q）

解答 14

北：
♠A K 8 5 3 2
♡3
♢K Q 2
♣K Q 5

西：
♠J 9 7
♡10
♢J 10 9 7 5
♣J 9 7 3

东：
♠Q 10 4
♡J 8 4 2
♢A 8 6
♣8 6 4

南：
♠6
♡A K Q 9 7 6 5
♢4 3
♣A 10 2

西	北	东	南
	1♠	不叫	3♡
不叫	3♠	不叫	4♡
不叫	4NT	不叫	5♢*
不叫	6♡	全不叫	

由于已没有空间询问将牌 Q,北家直接叫到了小满贯,希望同伴有好的将牌质量(你选择了先叫 3♡再叫 4♡的序列,这在某种程度上也应当承诺将牌质量)。西家首攻♢J,依次被 K 和 A 盖吃,东家回攻♢8,明手用 Q 吃住。你将如何继续?

如果将牌是 3-2 分布,一切都很简单;但果真如此,这个牌例就不会出现在本书中了!你必须考虑如何应对将牌的 4-1 分布。如果西家持有单张♡J 或♡10,你还有一线生机。为了实施将牌妙招,你需要缩减你的将牌至和东家等长。由于东家原始持有四张将牌而你有七张,你需要让南家将吃三次。尽管你现在并不知晓将牌是否是恶劣分布,你还是应当从第三墩起就开始着手进行减将。你打出第三轮方块,并让暗手小将吃。

当你兑现将牌 A 和 K 时,西家在第一轮跟出♡10,随后垫掉一张方块。现在你还需要进入明手两次来缩减你的将牌,并最终还需再次进入明手来朝着你暗手的将牌间张引牌。你用♠A 过桥将吃一次黑桃，用♣K 回到明手，再将吃一次黑桃。你用♣Q 再次回到明手，所剩牌张如下：

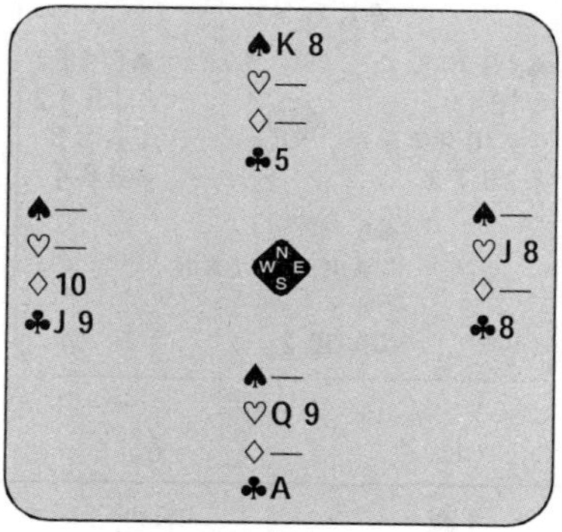

当你打出♠K 时，东家无计可施。如果他将吃，你就超将吃并清光最后一张将牌，声称用你的♣A 取得最后一墩牌；如果东家垫掉♣8，你也把♣A 垫掉，并用你的将牌间张取得最后两墩牌。

解答 15

♠8 6
♡A 9 8 5
◇10 6 3
♣A J 7 3

西		东
♠J 9 5 3 2		♠—
♡J 7		♡Q 10 6 2
◇8 7 5		◇J 9 4 2
♣10 9 6		♣K Q 8 5 2

♠A K Q 10 7 4
♡K 4 3
◇A K Q
♣4

西	北	东	南
			2♣
不叫	2NT	不叫	3♠
不叫	3NT	不叫	4♠
不叫	6♠	全不叫	

防守你的黑桃小满贯，西家首攻♣10，你用明手的A赢进。现在如何继续？你有一个几乎确定的红心输张，无法承受再丢失一墩将牌。

如果西家持有♠J-×-×-×甚至是♠J-9-×-×-×，定约是否注定失败？也未见得。如果你能够在暗手将吃两次梅花，清两轮将牌，兑现到你全部的边花赢墩，并在第十一墩时脱手，期待西家赢进，然后不得不引牌进入你的♠Q-10。

假设你用A赢进梅花首攻后，清一轮将牌，发现东家示缺。现在你再想将吃两次梅花为时已晚！明手只剩下一个进张了。因此你必须在第二墩时先将吃一次梅花，随后在你兑现将牌A时东家示缺。你兑现你在红花色中的全部赢墩，再将吃一次梅花，运气不错，西家都跟出了。所剩牌张如下：

北：
♠8
♡9 8
◇—
♣J

西：
♠J 9 5 3
♡—
◇—
♣—

东：
♠—
♡Q 10
◇J
♣K

南：
♠K Q 10
♡4
◇—
♣—

你打出♡4 脱手，西家被迫将吃了他同伴的红心赢墩。他只能回攻将牌钻进你的间张之中，小满贯到手。

在西家原始持有带 J 的四张黑桃而不是五张时，你的机会是什么？奇怪的是，情况反而更糟。只有在第十一墩时西家不得不赢进红心、随后被迫从他的♠J-9 中引出黑桃钻进你的♠Q-10 时，你才能取得成功。一个好的防守人处于西家的位置时，会从♡Q-×-×中解封 Q，或是从♡Q-J-×中解封 Q 和 J，来避免遭到投入。

（如果是东家持有长将牌，你的机会将大大改善。你在暗手第二次将吃后，兑现你在红花色中的全部赢墩，然后用红心脱手，只需用你的♠Q-10 坐等最后两墩将牌即可。）

解答 16

	♠7 5 ♡A 8 4 3 ◇J 10 5 ♣Q 9 6 3	
♠Q 10 8 ♡K Q J 7 ◇Q 9 7 ♣8 5 2	N W E S	♠J ♡10 9 6 5 2 ◇8 4 3 ♣J 10 7 4
	♠A K 9 6 4 3 2 ♡— ◇A K 6 2 ♣A K	

西	北	东	南
			2♣
不叫	2◇	不叫	2♠
不叫	2NT	不叫	4♠
不叫	6♠	全不叫	

你皱着眉头看这一叫牌进程(我们能感觉出来！)。的确如此，南家的 4♠ 太土了，可能导致他错失一个很好的方块大满贯。但我们无法要求退回重叫，毕竟这是一本关于打牌的书，而不是叫牌。西家首攻♡K，你计划如何完成这一黑桃小满贯？

实战中的庄家简直不敢相信他的好运，明手竟然得到了上手的机会。他用♡A 赢进红心首攻并垫掉一张方块，接下来他出方块 J 飞过。方块飞牌丢失给了西家的 Q，在将牌被证实是 3-1 分布后，庄家声称下一。

如果将牌是 2-2 分布，定约是铁打不宕的(你可以让送给◇Q 一墩)，所以你应该为自己寻求当一个防守人持有三张将牌时定约的最佳机会。留着明手的♡A，将吃第一轮。当你兑现将牌 A 和 K 时，东家在第二轮示缺。好极了！现在你对西家有一个确定的终局打法。

你继续兑现梅花 A 和 K。如果西家梅花是空门，并在第一轮将吃后用红心脱手，此时你的梅花套还是堵塞的，你只能进行方块飞牌；如果西家持有单张梅花，并将吃第二轮，他已经没有了安全的回牌。在我们给出的分布中，他将跟出两张梅花，所剩牌张如下：

北：
♠—
♡A 8 4
◇J 10 5
♣Q 9

西：
♠Q
♡Q J 7
◇Q 9 7
♣8

东：
♠—
♡10 9 6
◇8 4 3
♣J 10

南：
♠9 6 4 3
♡—
◇A K 6 2
♣—

当你出黑桃送给 Q 后，西家已没有安全的脱手张。无论他出红心、方块还是梅花，你都能够完成定约。

如果是东家持有三张将牌怎么办？你还有一个机会能够完成定约。如果你判断东家持有两张或更短的方块，你可以在用第三轮将牌投入给东家之前，先兑现方块 A 和 K；如果相反你判断东家持有三张或更多的方块，你就在用将牌投出前只兑现一轮方块大牌。为了避免让明手的♡A 和♣Q 取得两墩牌，东家只能回攻方块，让你能够在这门花色上进行飞牌。

习题 17

♠A Q 10 8 7
♡8 4 3
◇K 3 2
♣J 2

首攻♣Q

♠6 5
♡K 7 5 2
◇A Q J 10 5
♣A 7

西	北	东	南
		3♣	3◇
不叫	3♠	不叫	3NT
全不叫			

防守 3NT，西家首攻♣Q。你计划如何完成这一定约？

习题18

♠A 10 5 2
♡8 4
◇A K 5 2
♣A K 5

首攻◇J

♠K 6
♡A K J 6 5 3
◇8 3
♣10 4 2

西	北	东	南
			1♡
不叫	1♠	不叫	2♡
不叫	3◇	不叫	3♡
不叫	6♡	全不叫	

你用明手的◇A赢进首攻，出一张将牌到A，再用梅花回到明手出♡J飞牌。西家示缺，垫掉一张梅花。你将如何继续？

习题 19

♠A Q 7
♡6 4
♢A K J 9
♣J 10 6 5

首攻♡9

♠K J 9 5
♡A Q
♢Q 6 3 2
♣A 8 2

西	北	东	南
		3♡	3NT
不叫	6NT	全不叫	

防守你的无将小满贯定约,西家首攻♡9。你计划如何完成定约?(西家没有五张套)

习题 20

	♠A K 7 5 ♡Q ♢J 10 7 6 ♣A 10 5 3
首攻♡A	N W E S
	♠Q 10 9 4 2 ♡10 7 2 ♢Q 3 ♣K 9 2

西	北	东	南
	1♢	加倍	1♠
3♡	3♠	4♡	4♠
全不叫			

防守你的黑桃成局定约，西家首攻♡A，并在第二墩续攻这门花色。你计划如何完成定约？

解答 17

♠A Q 10 8 7
♡8 4 3
◇K 3 2
♣J 2

♠K 9 4 3
♡A J 10 6
◇9 7 4
♣Q 5

♠J 2
♡Q 9
◇8 6
♣K 10 9 8 6 4 3

♠6 5
♡K 7 5 2
◇A Q J 10 5
♣A 7

西	北	东	南
		3♣	3◇
不叫	3♠	不叫	3NT
全不叫			

防守 3NT，西家首攻♣Q。由于明手有♣J，东家不能用♣K超吃，你让西家赢得了第一墩。你赢进续攻的第二轮梅花，现在需要在不让东家进手的情况下，将你的七个大牌赢墩发展为九个。你的做庄计划是什么？

一种可能的打法是双飞西家同时持有黑桃 K 和 J。西家的确更像持有♠K，但♠J 的位置只能靠猜测。更好的路线是用♠Q 飞牌，然后用第三轮黑桃投入给西家，迫使他送给你一个红心赢墩。

赢进第二轮梅花后，你兑现全部五墩方块，垫掉明手的两张红心。随后你用黑桃 Q 飞牌，兑现黑桃 A，东家跟出了黑桃 J。所剩牌张如下：

	♠10 8 7 ♡8 ♢— ♣—	
♠K 9 ♡A J ♢— ♣—	N W E S	♠— ♡Q 9 ♢— ♣9 8
	♠— ♡K 7 5 2 ♢— ♣—	

你用♠10 脱手，西家用♠K 赢进。他可以继续兑现一个黑桃赢墩，但之后就不得不从♡A 下引出红心，让♡K 得墩成为你的第九墩。

如果西家原始持有♠K-×-×，他的同伴持有♠J-×-×，他将可以在第二轮黑桃时在明手的 A 下解封 K，从而让他的同伴能够赢进第三轮黑桃，进手击宕定约。生活就是这样。如果牌张真是如此分布，并且西家是位好手解封了♠K，定约原本就没有任何机会能够完成！

解答18

	北	
	♠A 10 5 2 ♡8 4 ◇A K 5 2 ♣A K 5	
西 ♠Q 9 4 ♡2 ◇J 10 9 7 ♣Q 9 8 6 3		东 ♠J 8 7 3 ♡Q 10 9 7 ◇Q 6 4 ♣J 7
	南 ♠K 6 ♡A K J 6 5 3 ◇8 3 ♣10 4 2	

西	北	东	南
			1♡
不叫	1♠	不叫	2♡
不叫	3◇	不叫	3♡
不叫	6♡	全不叫	

防守你的满贯定约，西家首攻◇J，你用明手的◇A赢进。你出将牌到A（防止西家持有单张♡Q），然后用梅花回到明手，用♡J飞牌。飞牌成功了，但是西家示缺，垫掉了一张梅花。你将如何继续？

你有一个确定的将牌输墩，看上去还要再输一墩梅花。在遇到这一类牌时，不要光顾着数你的输张而垂头丧气……计算一下你的赢墩！你在边花上有六个赢墩，如果还能够取得六个将牌赢墩，你仍能完成小满贯。因此你应该致力于让暗手的将牌再成功地将吃三次。

在第五墩时，你用◇K过桥进入明手，并将吃一次方块，东家跟出◇Q；你继续兑现黑桃K和A，将吃一次黑桃，西家在第三轮上跟出Q。你出梅花进入明手，所剩牌张如下：

	♠10 ♡— ♢5 ♣5	
♠— ♡— ♢10 ♣Q 9 8	N W E S	♠J ♡Q 10 ♢— ♣J
	♠— ♡K 6 ♢— ♣10	

你从明手引出一张黑桃或者方块，如果东家将吃，你就垫掉你的梅花输张，并取得最后两墩将牌；如果东家拒绝将吃，你的♡6便可以将吃得墩，再加上你的将牌K，十二墩牌到手。

解答 19

北：
♠A Q 7
♡6 4
◇A K J 9
♣J 10 6 5

西：
♠10 6 3 2
♡9 2
◇10 8 7 5
♣K 9 4

东：
♠8 4
♡K J 10 8 7 5 3
◇4
♣Q 7 3

南：
♠K J 9 5
♡A Q
◇Q 6 3 2
♣A 8 2

西	北	东	南
		3♡	3NT
不叫	6NT	全不叫	

当敌方阻击、同伴叫出点力范围很宽泛的 **3NT** 时，想要将牌叫得精准决非易事。北家做出了一个比较中庸的选择，直接加叫至 **6NT**。西家首攻♡**9**，你计划如何完成定约？

在计算了两墩红心后，你一共有十一个大牌赢墩，你的目标是在梅花上再取得一个赢墩。如果孤立地看这门花色，在东家持有♣**K**-×或者♣**Q**-×时，你将能够取得两墩牌。你从明手引出大牌，如果东家盖打，你就用 **A** 赢进，并朝着明手的另一张大牌继续引小牌；如果东家拒绝盖吃，你也放小，并准备在第二轮时击落东家的大牌。

更好的打法是先兑现黑桃和方块，来计算防守方的牌张分布。四轮黑桃揭示出东家在这门花色中原始持有双张。当你继续兑现方块 **A** 和 **Q** 时，东家在第二轮示缺。如果你假定东家的阻击叫持有七张红心，他的牌型就一定是 **2-7-1-3**。在梅花是 **3-3** 分布时，你需要采用一个终局打法来完成这一满贯定约。你兑现♡**A**，消去西家在这门花色中的最后一张牌，继续兑现明手剩余的两个方块赢墩。所剩牌张如下：

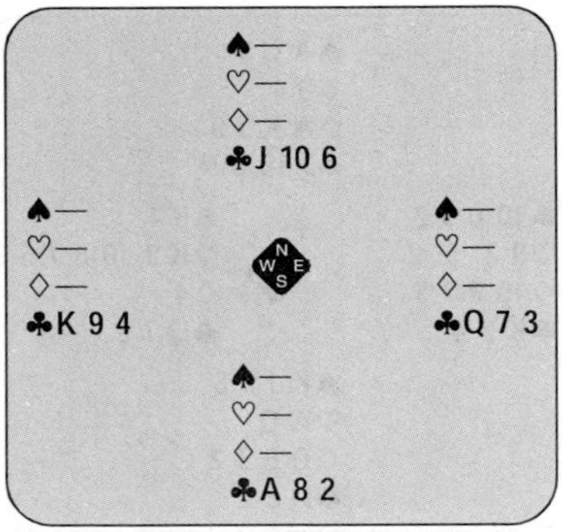

当你从明手引出♣J 时，东家放小，西家用♣K 赢进。在西家继续回攻♣4 时，你应当如何做庄？

如果西家所剩的最后一张梅花是 9，你从明手放小，将能够迫使西家上 Q，从而取得成功；如果西家剩余的梅花是 Q，你就应该让明手上 10。很多牌手都认为这是一个 50 对 50 的猜断。但事实上，西家有 2:1 的机率所余牌张是 9。因此你应当让明手放小，东家被迫打出 Q，你用♣A 和♣10 取得最后两墩牌。

梅花的终局局势是限制性选择原理的一个应用。它说明西家更可能是被迫打出的♣K，而不是他从两张等值大牌中的选择。

让我们再来仔细研究限制性选择原理是如何在类似局势下帮你做出正确选择的。当你出♣J 飘过，西家用一张大牌赢进后，共有九种牌张组合与你接下来的打法有关。在西家持有如下组合时，第二轮从明手放小能够成功：

♣K97　♣K94　♣K93　♣Q97　♣Q94　♣Q93

下面是上 10 能够成功的组合：

♣KQ7　♣KQ4　♣KQ3

所以当♣J 输给♣Q 或是♣K 时（是哪种情况无关紧要），在第二轮从明手出小的成功机率将是出 10 的两倍。

你还可以从另一个角度来看这一问题：西家持有一张大牌带

9 的概率是同时持有两张大牌的两倍(六种组合对三种组合)。所以当他用一张大牌赢进并回攻小牌时，你也有 2:1 的机率倾向于打他剩下的牌张是 9 而不是另一张缺失的大牌。

解答 20

北：
♠A K 7 5
♡Q
◇J 10 7 6
♣A 10 5 3

西：
♠—
♡A 9 8 6 4
◇9 8 5 4 2
♣J 7 4

东：
♠J 8 6 3
♡K J 5 3
◇A K
♣Q 8 6

南：
♠Q 10 9 4 2
♡10 7 2
◇Q 3
♣K 9 2

西	北	东	南
	1◇	加倍	1♠
3♡	3♠	4♡	4♠
全不叫			

防守你的黑桃成局定约，西家首攻♡A，并在第二轮时续攻红心。你计划如何完成定约？

你让明手将吃第二轮红心，必须立刻将你的注意力转移到树立方块套来垫掉你的梅花输墩上去(如牌张的实际分布时，如果你先兑现♠A，将会打宕定约)。当你出方块时，东家用◇K 赢进，继续出红心强迫明手再次将吃。如果你现在兑现大将牌，还是会付出打宕定约的惨重代价。你必须继续出方块，顶出东家的 A。

东家现在打出第四轮红心，你让暗手将吃，明手垫掉一张梅花。当你出将牌到 A 时，西家示缺，正如东家在开始时做出了技术性加倍所显示的一样。你继续兑现将牌 K，需要取得剩下的全部赢

墩,终局如下:

	♠— ♡— ◇J 10 ♣A 10 5	
♠— ♡9 ◇9 ♣J 7 4	N W E S	♠J 8 ♡— ◇— ♣Q 8 6
	♠Q 10 ♡— ◇— ♣K 9 2	

你从明手打出◇J。如果东家将吃,你就超将吃后清光最后一张将牌,声称完成定约;如果他垫牌,你就也垫掉一张梅花并继续出◇10。只要东家继续垫牌,你就一样跟着垫牌。随后你就可以兑现♣A并从明手引出梅花,用手中的♠Q-10取得最后两墩将牌。

你可能会琢磨如果你在早期错误地兑现了♠A,会出现什么问题呢?当你顶出东家的◇K时,他会出红心逼明手将吃;当他再次用◇A进手时,他将可以出将牌给明手的K,所剩牌张如下:

	♠— ♡— ◇J 10 ♣A 10 5 3	
♠— ♡9 8 ◇9 ♣J 7 4	N W E S	♠J 8 ♡J ◇— ♣Q 8 6
	♠Q 10 9 ♡— ◇— ♣K 9 2	

当你出两轮方块,并将吃第二张时,东家可以垫掉两张梅花。你将无法成功地兑现到梅花K和A来停在明手,达成最终的将牌妙招局势——东家将能够将吃掉♣A。

习题 21

♠K 3 2
♡A 5
♢A K 7 3
♣A 5 4 2

首攻♡6

♠A Q 10 8 4
♡K 2
♢8 5
♣K Q 6 3

西	北	东	南
		3♡	3♠
不叫	6♠	全不叫	

你用♡A 赢进首攻，兑现♠A-K，东家跟出♠6 后垫掉一张红心。现在如何继续？

习题22

♠J 9 5
♡K 4
◇K Q 6
♣A 10 9 7 4

首攻♡Q

♠A Q 6 4 3 2
♡A 8 3
◇A 7 4
♣8

西	北	东	南
	1♣	不叫	**1♠**
不叫	**2♠**	不叫	**4NT**
不叫	**5♣***	不叫	**6♠**
全不叫			

你用明手的♡K赢进,并出一张黑桃到Q。西家示缺,垫掉一张红心,你如何能够力挽狂澜?

习题23

	♠7 6 4 ♡9 8 4 ◇A K J 3 ♣8 5 4
首攻♠5	N W E S
	♠K 9 3 ♡A K J ◇Q 10 7 6 ♣A Q 3

西	北	东	南
			1◇
1♠	2◇	不叫	3NT
全不叫			

西家首攻♠5，东家出J。你的做庄计划是什么？

习题 24

♠K 10 4 3
♡6
◇10 7 5 3 2
♣J 8 3

首攻◇K

♠A
♡A K Q 10 5 4 3
◇A 4
♣A 10 7

西	北	东	南
			2♣
不叫	2◇	不叫	2♡
不叫	2NT	不叫	4♡
全不叫			

你用◇A 赢进首攻，清两轮将牌，东家在第二轮时垫掉一张黑桃。现在如何继续？

解答 21

	♠K 3 2 ♡A 5 ◇A K 7 3 ♣A 5 4 2	
♠J 9 7 5 ♡6 3 ◇Q 6 4 ♣J 9 8 7	N W E S	♠6 ♡Q J 10 9 8 7 4 ◇J 10 9 2 ♣10
	♠A Q 10 8 4 ♡K 2 ◇8 5 ♣K Q 6 3	

西	北	东	南
		3♡	3♠
不叫	6♠	全不叫	

放弃寻求大满贯的任何想法,北家决定直接加叫至 6♠。你让明手赢进红心首攻,兑现将牌 A 和 K,东家在第二轮时垫掉一张红心。现在如何继续?

你可以允许丢掉一墩将牌,但前提是你不能同时丢掉一墩梅花。在东家持有四张梅花的情况下,定约毫无希望。如果是西家持有四张梅花呢?你能够寄希望于对他实施两门低花中(通过将吃一次方块来孤立他手中的方块护张)的挤牌吗?答案是否定的。西家在两门黑花色中都持有四张,他的牌型应该是 4-2-3-4,是东家在守卫着方块。换一种思路,你应该尝试投入西家,使其陷入终局打法。

不再继续调将,转而兑现梅花 A 和 K 来探查梅花分布。当实际的牌张分布如牌型表中所示时,东家在第二轮梅花时示缺。继续兑现方块 A 和 K,将吃一次方块。兑现你的另一个红心顶张后,所剩牌张如下:

	♠3 ♡— ♢7 ♣5 4	
♠J 9 ♡— ♢— ♣J 9	N W E S	♠— ♡J 10 9 ♢10 ♣—
	♠Q 10 ♡— ♢— ♣Q 6	

瞥一眼西家，他看上去不是很开心！当你继续出梅花 Q 和小梅花时，西家被迫赢进，只能回攻将牌钻入你的将牌间张。你将得到十二墩牌并完成小满贯。

解答 22

	北	
	♠J 9 5 ♡K 4 ◇K Q 6 ♣A 10 9 7 4	
西 ♠— ♡Q J 10 7 6 5 ◇J 9 8 5 ♣Q 6 2		东 ♠K 10 8 7 ♡9 2 ◇10 3 2 ♣K J 5 3
	南 ♠A Q 6 4 3 2 ♡A 8 3 ◇A 7 4 ♣8	

西	北	东	南
	1♣	不叫	1♠
不叫	2♠	不叫	4NT
不叫	5♣*	不叫	6♠
全不叫			

对罗马关键张黑木问叫采用1430的答叫方式，北家的5♣显示他持有一个关键张。防守你的6♠，西家首攻♡Q。你用明手的♡K赢进，并出黑桃到Q。西家示缺，垫掉一张红心，你如何能够力挽狂澜？

你必须建立一个三张牌的终局，使得东家只剩下♠K-10-8。他将不得不将吃第十一墩，随后只能从♠K中引牌，让你的♠J和♠A分别得墩。

在任何时候，你都不能让明手将吃红心，否则明手将只剩下单张将牌J，而东家就可以安全地用♠K脱手。为了使你手中的将牌仅剩下A-6来实现终局局势，你需要在暗手将吃三次梅花。如果东家能够用♠8将吃逼出你的♠A，定约将被击宕，因此你需要东家恰好持有4-2-3-4牌型。

第三墩时你出♣A过桥并将吃一次梅花，接下来出方块到K将吃第二次梅花。你继续兑现红心A和方块A、Q，将吃第三次梅花。

所剩牌张如下：

	北	
	♠J 9 ♡— ♢— ♣10	
♠— ♡J 10 ♢J ♣—	N W E S	♠K 10 8 ♡— ♢— ♣—
	♠A 6 ♡8 ♢— ♣—	

你打出♡8，西家用♡10盖吃，明手垫掉♣10。东家此时坐立不安——他不得不将吃同伴的赢张(很糟糕)，然后还要从他的♠K中引出将牌(更糟糕)。但你对此毫无抱怨，将小满贯收入了囊中！

解答23

	北	
	♠7 6 4 ♡9 8 4 ◇A K J 3 ♣8 5 4	
西 ♠A Q 10 5 2 ♡Q 10 3 ◇5 2 ♣K 9 6		东 ♠J 8 ♡7 6 5 2 ◇9 8 4 ♣J 10 7 2
	南 ♠K 9 3 ♡A K J ◇Q 10 7 6 ♣A Q 3	

西	北	东	南
			1◇
1♠	2◇	不叫	3NT
全不叫			

防守你的无将成局定约,西家首攻♠5,东家出 J。你计划如何做庄?

如果西家很可能在你建立额外赢墩时进手,有时忍让东家的♠J 将是一个好的策略。这将使你在黑桃 6-1 分布时,仍然保有这门花色的止张。但忍让在本牌例是不明智的。首先,西家并没有任何你需要顶开的止张;更为重要的是,西家首攻的♠5(只有一张比它小的号码看不见)显示出他只有五张黑桃。在这种情况下,如果你忍让,东家还有第二张黑桃可回攻。第三个不能忍让的原因是你需要♠K 这一墩牌。

因此你赢进第一墩牌,现在能够数出八个大牌赢墩。红心或梅花上的成功飞牌将能够带来第九墩牌。但是如果你选择了错误的飞牌,西家将会兑现四墩黑桃从而击宕定约。

由于西家只有四个黑桃赢墩可以兑现, 最好的办法就是用黑桃投入给他。为了确保他最终只能引牌钻进你的其中一个间张,你需要先剥光西家的方块。当你兑现方块 A 和 Q 时,两位防守人都跟牌了。你是否应当继续兑现第三轮，以防范西家还剩下一张方块？答案是否定的。如果这样做,你将会在西家兑现最后一张黑桃时面临垫牌的困难。你只能寄希望于西家原始只有两张方块,由于他持有五张黑桃而他的同伴只有两张,这样分布的机会很大。

只出过三张牌,但你已经准备好要进行投入了：

♠7 6
♡9 8 4
◇K J
♣8 5 4

♠A Q 10 2
♡Q 10 3
◇—
♣K 9 6

♠8
♡7 6 5 2
◇9
♣J 10 7 2

♠9 3
♡A K J
◇10 7
♣A Q 3

你用♠9 脱手,西家不得不赢得这一墩。他继续兑现另外三个黑桃赢墩,你从手中垫掉一张梅花和一张方块。西家现在只能回出红心或梅花,九墩牌属于你了。

如果东家原始持有♠Q-J,并赢进第二轮黑桃怎么办？如果他回攻红心,不存在任何问题,你只需简单地用♡A 站住,并继续出第三轮黑桃投入西家。如果相反东家回攻梅花,你就上♣A 站住。此时你需要猜断是谁持有♡Q。如果是东家持有这张牌,一个简单的红心飞牌将是致胜的路线;如果是西家持有♡Q,你需要兑现剩余的方块赢墩,紧逼西家为了保留♡Q 的护张,而不得不垫掉一个赢墩。随后你可以选择用任意一个黑花色牌张投入他,迫使他回牌进入你的红心间张。

（如果西家原始持有三张方块,在你用黑桃投入他后出方块安全脱手，此时你必须猜断是飞梅花还是飞红心。红心飞牌略胜一筹,因为持有♣K 使得西家的争叫理由更充分。如果西家令人惊讶地显示出持有四张方块，最好的机会是兑现完全部方块和♡A-K，再用黑桃投入西家。）

解答24

	♠K 10 4 3 ♡6 ◇10 7 5 3 2 ♣J 8 3	
♠9 5 ♡J 9 8 2 ◇K Q J 8 ♣K 6 4	N W E S	♠Q J 8 7 6 2 ♡7 ◇9 6 ♣Q 9 5 2
	♠A ♡A K Q 10 5 4 3 ◇A 4 ♣A 10 7	

西	北	东	南
			2♣
不叫	2◇	不叫	2♡
不叫	2NT	不叫	4♡
全不叫			

防守你的红心成局定约，西家首攻◇K。你用A赢进，清两轮将牌，东家在第二轮时垫掉一张黑桃。现在如何继续？

你的目标是投入西家，对他实施终局打法。兑现♠A后引出◇4，西家用◇J赢进后，没有轻松的回牌。出黑桃或者红心将会直接便宜你一墩，出梅花将使你在这门花色中只输一墩。西家可以暂时不吃亏地打出◇Q。你暗手将吃，随后兑现将牌Q后继续出小将牌，再次投入西家。这一次西家走投无路了。出黑桃将会放活明手的♠K，并得以进手兑现已经建立好的◇10，所以他只好出梅花。你只输一墩梅花、一墩方块和一墩将牌，刚好完成成局定约。

（如果西家不是你喜欢的对手，你可以告诉他，原本首攻黑桃就可以击败你！）

习题25

♠A 9 5
♡A 6
◇A 9 7 3
♣K 8 4 3

首攻◇K

♠K 10 2
♡K J 8 5 3 2
◇5
♣A Q 5

西	北	东	南
	1NT	不叫	**3♡**
不叫	**3♠**	不叫	**4NT**
不叫	**5◇***	不叫	**6♡**
全不叫			

防守你的红心小满贯定约，西家首攻◇**K**。你无法防范不对位的将牌恶劣分布，但如果是东家持有强大的长将牌，你还有机会。你计划如何完成这一小满贯？

习题 26

♠A K
♡A K 6
◇A 9 7 6
♣A Q 7 3

首攻♡Q

♠Q 9 6 5 3 2
♡9 5
◇K 10
♣J 6 5

西	北	东	南
			2♠*
不叫	6♠	全不叫	

西家首攻♡Q,你让明手赢进。当你兑现将牌A时,西家垫掉一张红心。你如何继续?

习题27

♠A 5 4
♡8 5
◇A 6 5 2
♣A Q J 7

首攻♡4

♠K Q 8 6 3
♡A J 3
◇K 10
♣6 4 3

西	北	东	南
		3♡	3♠
不叫	5♠	不叫	6♠
全不叫			

防守你的黑桃小满贯，西家首攻♡4，东家出♡Q。你计划如何做庄？

习题28

	♠K Q 7 4 ♡K Q 9 ◇A 6 ♣A 8 6 5	
首攻♣J	N W E S	
	♠A 6 5 2 ♡A 5 2 ◇Q J 10 2 ♣K Q	

西	北	东	南
			1NT
不叫	2♣	不叫	2♠
不叫	6♠	全不叫	

你赢进西家首攻的♣J，兑现将牌K和Q，西家在第二轮将牌时垫掉一张梅花。你如何继续？

解答 25

北：
♠A 9 5
♡A 6
♢A 9 7 3
♣K 8 4 3

西：
♠J 8 7 6 4
♡—
♢K Q J 6 4 2
♣J 10

东：
♠Q 3
♡Q 10 9 7 4
♢10 8
♣9 7 6 2

南：
♠K 10 2
♡K J 8 5 3 2
♢5
♣A Q 5

西	北	东	南
	1NT	不叫	**3♡**
不叫	**3♠**	不叫	**4NT**
不叫	**5♢***	不叫	**6♡**
全不叫			

你跳叫 **3**♡显示出至少持有六张红心，并有满贯兴趣。北家的 **3♠**是扣叫，经过罗马关键张黑木问叫后，你们叫到了 **6**♡。西家首攻♢**K**，你计划如何完成定约？

在东家持有四张（或是五张）**Q** 领头的将牌时，让南家将吃几次方块将为你提供帮助。你有六个边花赢墩，如果你能够全取手中的六墩将牌，加起来赢墩数将会达到十二。在用♢**A** 赢进后，你应当充分利用明手这次进手的机会，立刻将吃一次方块。随后你出将牌到 **A**（棘手的时刻！），西家示缺。现在如何继续？

你继续出第二轮将牌，东家冲上♡**9**。你用♡**J** 赢进，并成功地兑现到三轮梅花。当东家显示出持有四张梅花时，你确知可以让暗手安全地将吃到一次梅花。在兑现黑桃 **K** 和 **A** 后，你停在明手，所剩牌张如下：

	♠9 ♡— ♢9 7 ♣—	
♠J ♡— ♢Q J ♣—	N W E S	♠— ♡Q 10 7 ♢— ♣—
	♠10 ♡K 8 ♢— ♣—	

如果东家看起来还是信心满满，那他就错误地估计了形势！你从明手引出一张方块，他将走投无路。如果他用♡**7**将吃，你就用♡**8**超将吃；如果他用**Q**或者**10**将吃，你就垫掉你的黑桃输张，并等着用你的将牌间张来取得剩下的两墩牌。

你会发现在东家持有四张将牌(♡**Q-10-9-7**)时，这一打法仍然适用。从表面上看，你还是有一个将牌输张和一个黑桃输张。尽管你并不需要完全精准地按照一个特定的次序出牌，但你还是需要达成将牌妙招的终局局势。正如我们所看到的那样，你可以把你的黑桃输张垫在东家的将牌赢墩下，从而将两个输张合二为一。

解答 26

	北	
	♠A K ♡A K 6 ◇A 9 7 6 ♣A Q 7 3	
西 ♠— ♡Q J 10 8 4 ◇Q 8 4 3 2 ♣K 9 2		东 ♠J 10 8 7 4 ♡7 3 2 ◇J 5 ♣10 8 4
	南 ♠Q 9 6 5 3 2 ♡9 5 ◇K 10 ♣J 6 5	

西	北	东	南
			2♠*
不叫	6♠	全不叫	

西家首攻♡Q,你让明手赢进。当你兑现♠A 时,西家(脸上露出不怀好意的表情)垫掉一张红心。大部分庄家在此时就已经放弃了,但任何一个一直努力奋斗到本书习题 26 的读者都还保有一线生机。你如何在这一局势下力挽狂澜呢?

你必须致力于取得六个将牌赢墩和六个边花赢墩。如何能够实现这一目标呢?用♣Q 成功飞牌将使你的边花赢墩从五个增加到六个。至于将牌,在兑现了明手的 A 和 K 后,你手中还剩下♠Q-9-6-5。你需要用♠5 和♠6 将吃两次,并尝试利用将牌妙招来提升♠Q-9 取得两墩牌。

在第三墩时,你兑现明手的第二张大将牌。随后你兑现♡K,用♠5 将吃一次红心。你继续兑现◇K 和◇A,并从明手打出第三轮方块。东家已经没有方块了,现在局势如下:

♠—
♡—
◇9 7
♣A Q 7 3

♠—
♡J
◇Q 8
♣K 9 2

♠J 10 8
♡—
◇—
♣10 8 4

♠Q 9 6
♡—
◇—
♣J 6 5

让我们首先假设东家用♠J 将吃这轮方块(或是用♠10)。为了完成定约,你必须垫掉手中的一张梅花。你用明手的♣Q 赢进梅花回攻,用♠6 将吃最后一张方块。接下来你用♣A 回到明手,朝着手中的♠Q-9 引出梅花,取得最后两墩牌。

如果东家拒绝将吃第三轮方块,转而垫掉一张梅花,对他也没有什么帮助。你用♠6 将吃得墩,随后出♣Q 飞牌成功并兑现♣A。所剩牌张如下:

♠—
♡—
◇9
♣7 3

♠—
♡J
◇Q
♣K

♠J 10 8
♡—
◇—
♣—

♠Q 9
♡—
◇—
♣J

你打出明手的◇9,为了防止你的♠9 得墩,东家不得不用 J 或是 10 将吃。你垫掉你的梅花输张,用♠Q-9 取得最后两墩牌。

解答 27

北
♠A 5 4
♡8 5
◇A 6 5 2
♣A Q J 7

西		东
♠J 10 9 7 ♡4 ◇J 9 7 4 ♣K 10 8 2	N W E S	♠2 ♡K Q 10 9 7 6 2 ◇Q 8 3 ♣9 5

南
♠K Q 8 6 3
♡A J 3
◇K 10
♣6 4 3

西	北	东	南
		3♡	3♠
不叫	5♠	不叫	6♠
全不叫			

北家的 5♠要求同伴在敌方所叫花色红心中持有控制时，叫满贯。防守 6♠，西家首攻♡4，东家出♡Q。你计划如何做庄？

如果东家持有♣K，你将肯定要输掉一墩梅花和一墩红心，因此你必须假定西家持有这张牌。由于红心输墩看起来无法避免，似乎只能指望将牌是 3-2 分布了。并非如此！如果你能够用♠8-6-3 将吃三次取得三个将吃赢墩，以及将牌 K、Q 和 A 的三墩，你将总共得到六墩将牌。再加上三墩梅花、两墩方块和一墩红心，总赢墩数将达到十二！

由于并不需要让明手将吃红心（你总可以朝着♡J 引小红心，将你的红心输墩数限制为一个），你应当先兑现将牌 K 和 Q。噩耗传来，西家持有四张将牌。现在你必须寻求在暗手将吃三次——两个方块将吃和一个梅花将吃。在西家持有 4-4 低花的情况下，这是可能完成的。

你用♣Q 飞牌成功，兑现方块 K 和 A，用♠3 将吃一次方块；

接下来用♣J 飞牌，你用♠6 将吃了明手的最后一张方块。当你出梅花到 A 时，东家示缺。所剩牌张如下：

	♠A ♡8 ♢— ♣7	
♠J 10 ♡— ♢— ♣K	N W E S	♠— ♡K 10 9 ♢— ♣—
	♠8 ♡J 3 ♢— ♣—	

你打出明手的最后一张梅花，用暗手的最后一张将牌将吃。西家非常值得同情，因为他只能跟出这门花色。现在你已经取得了十一墩牌，明手的将牌 A 将是第十二墩。你的两个输张——一个红心和一个将牌，合二为一了。

解答 28

	北	
	♠K Q 7 4 ♡K Q 9 ◇A 6 ♣A 8 6 5	
西 ♠8 ♡10 8 7 6 3 ◇9 4 ♣J 10 9 7 4	N W E S	**东** ♠J 10 9 3 ♡J 4 ◇K 8 7 5 3 ♣3 2
	♠A 6 5 2 ♡A 5 2 ◇Q J 10 2 ♣K Q	

西	北	东	南
			1NT
不叫	**2♣**	不叫	**2♠**
不叫	**6♠**	全不叫	

由于你飞快地叫到了满贯，你为自己争取到了额外的半分钟时间来规划做庄！你在手中赢进西家首攻的♣J，兑现将牌 K 和 Q，西家在第二轮将牌时垫掉一张梅花。你将如何继续？

看上去你需要依赖方块飞牌，但更好的计划是力争使东家陷入终局打法。当将牌已经显示出是 4-1 分布时，你兑现手中的另一个梅花大牌和红心 A、K。东家跌落了红心 J，很像是持有短红心。下一步你从明手打出♣8，万一东家突然决定将吃，你就超将吃后出红心到 Q。你不介意东家将吃这一墩，因为那样的话他手中将只剩下方块可以回攻，定约也就确保可以完成。

东家更可能的防守是在第三轮梅花上垫牌。你用手中的最后一张小将牌将吃，并兑现♠A。所剩牌张如下：

北：
♠7
♡Q
◇A 6
♣A

西：
♠—
♡10 8
◇9 4
♣10

东：
♠J
♡—
◇K 8 7 5
♣—

南：
♠—
♡5
◇Q J 10 2
♣—

你出红心到明手的 Q。如果东家将吃，他将只能从◇K 中引出方块；如果他在第三轮红心上垫牌企图推迟这一惩罚，你还是会继续用将牌投入他起到相同的效果。

选择采用投入打法而不是直接在方块中飞牌，取决于你判断东家持有短红心。如果♡J 是从西家跌落而非东家，尝试投入东家使其陷入终局打法将不再安全，他在被投入后可能还有一或两张红心可以兑现。在这种情况下，你最好还是在有机会进行飞牌时进行方块中的飞牌。

如果你没有红心套分布的任何线索怎么办？那么你就只能猜测怎么打了！有时情况就是如此。

习题 29

	♠A J 3 ♡Q 8 ◇K Q 9 7 5 3 2 ♣A
首攻♠10	N W E S
	♠K Q 6 ♡J 9 5 ◇A 6 ♣K Q J 10 2

西	北	东	南
			1NT
不叫	6NT	全不叫	

你赢进首攻后兑现◇A，在东家示缺时，你看到首攻时的欢欣鼓舞转变为失望沮丧。你如何继续？

习题30

♠6 5 4
♡K 6 5
◇A K 4 3
♣10 6 4

首攻♠Q

♠A K 7
♡A 7 4
◇Q 10 7 5
♣A 8 3

西	北	东	南
			1◇
1♠	2♠	不叫	3NT
全不叫			

你赢进黑桃首攻后兑现◇A-K，难以置信的是东家在第二轮时示缺。现在怎么办?

习题 31

♠9 6 4
♡Q 10
◇K Q J 10 3
♣J 5 2

首攻♠2

♠A 10
♡K J 4 3
◇A 7 6 4
♣A Q 9

西	北	东	南
		1♠	加倍
不叫	3◇	不叫	3NT
全不叫			

防守 3NT，西家首攻♠2，东家出♠Q。你计划如何完成定约？

习题32

	♠A 6 ♡K Q 3 ◇A K 9 7 6 5 ♣A K
首攻♣J	
	♠Q 10 8 7 5 4 2 ♡A 10 5 ◇— ♣9 8 3

西	北	东	南
	2♣	不叫	**2♠**
不叫	**3◇**	不叫	**3♠**
不叫	**4NT**	不叫	**5♣***
不叫	**5♡***	不叫	**6♠***
全不叫			

你用明手的♣A 赢进首攻，看到如果只输一墩将牌就能完成定约。你计划如何达成这一目标？

解答 29

	♠A J 3 ♡Q 8 ◇K Q 9 7 5 3 2 ♣A	
♠10 9 8 4 ♡A 10 4 ◇J 10 8 4 ♣7 4	N W E S	♠7 5 2 ♡K 7 6 3 2 ◇— ♣9 8 6 5 3
	♠K Q 6 ♡J 9 5 ◇A 6 ♣K Q J 10 2	

西	北	东	南
			1NT
不叫	**6NT**	全不叫	

同伴直接加叫到**6NT**定约，并认为这是一个有些保守的叫牌。西家首攻♠**10**,当明手摊牌后,你发现你缺少两个红心顶张。看起来今天是你的幸运日。但当你用黑桃**K**赢进,兑现◇**A**时,东家示缺。现在如何继续?

尽管看上去有些奇怪,但定约的前景还是很光明的。你继续朝明手引出小方块,西家必须拆散他的方块大牌,你用◇**K**赢进。现在明手还有◇**Q-9**间张位于西家的◇**J-8**之后。你解封♣**A**,用♠**Q**回手兑现你全部的梅花赢墩。你的目标是使西家只能保留两张方块和一张红心顶张,形成被投入的局势。下面是还剩一张黑桃没有兑现时的局势:

	♠A ♡Q ◇Q 9 ♣—	
♠— ♡A 10 ◇J 8 ♣—	N W E S	♠— ♡K 7 6 3 ◇— ♣—
	♠6 ♡J 9 5 ◇— ♣—	

你出黑桃到 A，西家无牌可垫。如果他垫掉一张方块，明手的两张方块就全好了；如果他垫掉♡10，你就会出红心投入给他的单张 A，随后他将被迫回牌钻进明手的方块间张。他最终的选择是垫掉♡A，但你将会打出明手的♡Q。东家很痛苦，如果他赢进这一墩，将不得不再给南家两墩红心；如果他忍让这一墩，你就已经有了十二墩牌。

（在如上所示的还剩四张牌的终局局势下，西家必须保留♡A 和◇J-8。无论他的第四张牌是一张黑桃还是一张红心都没有差别，因为他随后都要把它垫在你的♠A 下。你需要西家持有♡A 或是♡K，如果东家同时持有这两张牌，或是东家持有一张红心顶张和第四张黑桃，定约将无法完成。）

解答30

	♠6 5 4 ♡K 6 5 ◇A K 4 3 ♣10 6 4	
♠Q J 10 9 3 ♡8 2 ◇J 9 8 6 ♣K 2	N W E S	♠8 2 ♡Q J 10 9 3 ◇2 ♣Q J 9 7 5
	♠A K 7 ♡A 7 4 ◇Q 10 7 5 ♣A 8 3	

西	北	东	南
			1◇
1♠	2♠	不叫	3NT
全不叫			

防守 **3NT**,西家首攻♠**Q**。你有八个大牌赢墩,并有极大的机会在方块套中取得第九墩。你用 **A** 赢进黑桃首攻,兑现方块 **A** 和 **K**,难以置信的是东家在第二轮时示缺。现在如何继续?

你的目标是投入西家,迫使他回方块钻进你的◇**Q-10**。如果西家原始持有 **6-2-4-1** 牌型,他已经难逃遭到投入的命运。你可以简单地兑现红心和梅花顶张,并出黑桃 **K** 和小黑桃。西家将取得四墩黑桃,但在第十二墩时,他只能回牌钻进你的方块间张。

但是,你所持有的第二个黑桃止张将为你带来更多的机会。在进行投入之前,你有机会让送一墩红心或是一墩梅花。当西家只有五张黑桃时,他在红心和梅花中一共持有四张牌。如果它们是 **2-2** 分布,通过让送一墩梅花你将能够完成定约。你可以赢进回攻,兑现除方块之外的全部赢墩,并用黑桃投入西家。他的红心和梅花都已消去,最后只能送给你两墩方块。如果西家原始持有三张红心和一张梅花,你就需要在投入之前先让送一轮红心。同样的,西家的红心和梅花将被全部消去。

你在红心和梅花中各持有六张牌，从概率上来说，西家更可能在这两门花色中是 **2-2** 分布。在第四墩时你让送一墩梅花并赢进回攻，随后你兑现除方块外的全部赢墩，局势如下：

	♠6 ♡6 ◇4 3 ♣10	
♠J 10 9 ♡— ◇J 9 ♣—	N W E S	♠— ♡Q J ◇— ♣Q J 7
	♠7 ♡7 ◇Q 10 ♣8	

你出黑桃脱手，西家最后只能送给你两墩方块。

在西家原始持有 **6-2-4-1** 牌型时，情况将会如何？当你让送一墩梅花时，黑桃将被顶开，西家手中握有四个黑桃赢墩，并且已经把一个梅花赢墩收入囊中。然而在你兑现两个红心顶张和♣**A** 时，他不得不垫掉一个黑桃赢墩来守住方块。你投入他时，他仅剩下三个黑桃赢墩，投入打法仍能取得胜利。

解答31

	♠9 6 4 ♡Q 10 ◇K Q J 10 3 ♣J 5 2	
♠J 5 2 ♡8 6 5 2 ◇8 5 2 ♣10 6 4	N W E S	♠K Q 8 7 3 ♡A 9 7 ◇9 ♣K 8 7 3
	♠A 10 ♡K J 4 3 ◇A 7 6 4 ♣A Q 9	

西	北	东	南
		1♠	加倍
不叫	3◇	不叫	3NT
全不叫			

防守3NT,西家首攻♠2,东家出♠Q。你忍让这一墩牌,东家续攻♠7,你用A赢进。现在如何继续?

你有七个大牌赢墩。东家的开叫花色只有五张,这使得我们更加确信他一定持有♣K。因而你可以通过用♣Q飞牌,来轻松取得第八墩,但第九墩很难获得。一种可能是在第一轮时用♣9飞牌,希望东家在持有♣K的同时还持有♣10。这一成功机率略低于50%,你肯定希望能够找到更好的机会。答案就是采用投入打法投入东家。当你兑现全部方块赢墩时,东家为了保留♣K的护张(如果他原始持有这一护张的话),不得不垫掉一个黑桃赢墩。现在你就可以顶出♡A了。

在赢进第二轮黑桃之后,你出方块过桥进入明手,用♣Q飞牌。在飞牌成功后,你就兑现剩余的全部方块赢墩。当你准备从明手兑现最后一张方块时,局势如下:

西	北 / 南	东
	♠9 ♡Q 10 ♢10 ♣J 5	
♠J ♡8 6 5 ♢— ♣10 6	N W E S	♠K 8 7 ♡A ♢— ♣K 8
	♠— ♡K J 4 3 ♢— ♣A 9	

防守方已经取得了一个赢墩(一墩黑桃),东家手中还握有四个高花赢墩。当你兑现明手的最后一张方块时,他难过极了。如果他垫掉手中的一个黑桃赢墩,你就可以安全地顶出♡A;如果相反东家垫掉♣8,你就将再得到两墩梅花从而完成定约。由于东家被迫要垫掉一个赢墩,这种形式的打法有时也被称作“剥光挤牌”。

在某些这一类型的牌例中,你需要猜断防守方的留牌。一位防家可能会试图在关键花色中垫成单张K,并保留一个额外的赢墩来愚弄你。但在这一牌例中不存在这样的机会。你确知东家还留有三张黑桃,你也知道他还持有♡A。因此在还剩下六张牌时,他手中不可能留有多于两张的梅花。如果他垫掉了♣8,♣K必然已经成为单张。

如果东家原始持有双张带K的梅花,情况将会怎样呢?这样他最后的六张牌将会是♠K-8-7♡A-9♣K。在最后一墩方块上,他会垫掉♡9。你确知他留有的五张牌中有四张是高花赢墩,只给梅花留下了一个空位——单张♣K!因此你不会再采用投入东家让他出梅花的路线,而是兑现♣A,击落♣K,让明手的♣J成为你的第九个赢墩。

解答32

	北	
	♠A 6 ♡K Q 3 ♢A K 9 7 6 5 ♣A K	
♠— ♡J 9 7 6 2 ♢Q J 8 4 ♣J 10 7 6		♠K J 9 3 ♡8 4 ♢10 3 2 ♣Q 5 4 2
	♠Q 10 8 7 5 4 2 ♡A 10 5 ♢— ♣9 8 3	

西	北	东	南
	2♣	不叫	2♠
不叫	3♢	不叫	3♠
不叫	4NT	不叫	5♣*
不叫	5♡*	不叫	6♠*
全不叫			

南家对罗马关键张黑木问叫的回答表示他持有一个关键张(♡A)以及♠Q。防守你的黑桃小满贯,西家首攻♣J。你用明手的A赢进,看到如果只输一墩将牌就能完成定约。你下一步的行动是什么?

看起来显然应当接着兑现♠A。如果你真的这样做了,定约将无法完成!为了防止东家持有全部四张将牌(可能他在6♠后不叫时略有颤动),你应该在第二墩时就将吃一次方块。这样做的意义是什么呢?你在减将,为将来可能用将牌妙招对付东家而做准备。现在你出将牌到A,发现西家果然示缺了。

你再次将吃方块,用♡K过桥回到明手,并将吃又一轮方块。通过三轮方块将吃,你已经把自己的将牌缩减至三张,与准备实施将牌妙招对付的东家等长。你用♡Q回到明手,形成如下局势:

	♠6 ♡3 ◇A K 9 ♣K	
♠— ♡J 9 ◇Q ♣10 7 6	N W E S	♠K J 9 ♡— ◇— ♣Q 4 2
	♠Q 10 8 ♡A ◇— ♣9 8	

你从明手打出◇A，东家毫无对策。如果他用♠K将吃，你就垫掉一张梅花，接下来可以飞掉♠J；如果东家用♠J或是♠9将吃，你就超将吃，用♣K过桥回到明手，并再出一张方块。如果东家现在拒绝将吃，一直选择垫牌，你就依次垫掉你手中的最后一张梅花和♡A。此时出牌权仍然在明手，你可以朝着♠Q-10引出任何一张牌，完成将牌妙招。

东家唯一剩下的其他选择就是在方块A-K下垫掉两张梅花。你必须垫掉一张梅花和♡A，随后你要从明手引将牌。如果东家上♠K，你就可以用♣K回到明手，用你的♠Q-10成功实施将牌妙招；相反，如果他出J或是9，你就盖吃后用♣K回到明手，朝着暗手剩余的将牌打出最后一张方块。

计划像这样一手牌的做庄路线并不简单。请牢记一个普遍的原则是你需要减将，缩减你的将牌长度使之与东家相匹配。在本例中，你初始持有七张将牌而他持有四张，因此你就需要让暗手将吃三次。

习题33

♠7
♡J 7 6 4
◇K Q 10 6 4
♣A K 3

首攻♠K

♠A 10 6
♡A K 5 3
◇J 8 7
♣8 7 5

西	北	东	南
1♠	加倍	不叫	**3♡**
不叫	**4♡**	加倍	全不叫

你用♠A赢进首攻的♠K,兑现将牌A,西家垫掉一张黑桃。你将如何继续?

习题34

	♠A 5 2 ♡A 4 2 ♢Q 8 7 ♣Q 9 8 3
首攻♡10	N W E S
	♠K Q 10 7 6 ♡5 ♢A K J 10 4 ♣A 4

西	北	东	南
	1♣	2♡	2♠
不叫	3♠	不叫	4NT
不叫	5♡*	不叫	6♠
全不叫			

出于对同伴弱跳争叫的尊重，西家首攻♡10来防守你的黑桃小满贯。很快你就发现西家持有♠J-9-8-4。你能够克服这一困难吗？

习题35

	♠A K 7 5 ♡K 8 5 2 ◇A K 2 ♣A 10
首攻♡J	(W N E S)
	♠J 6 ♡A Q 6 ◇4 ♣K Q 8 7 5 4 2

西	北	东	南
	2NT	不叫	**4♣***
不叫	**4NT***	不叫	**7♣***
全不叫			

你用♡A 赢进首攻的♡J，出梅花到明手的 A，西家垫掉一张方块。你如何继续？

习题36

♠7 4
♡K 9 6
♢9 7 5
♣K 7 5 3 2

首攻♣Q

♠K 6 5 3
♡A Q J 5 2
♢A Q
♣A 9

西	北	东	南
1♠	不叫	不叫	加倍
不叫	2♣	不叫	2♡
不叫	3♡	不叫	3NT
全不叫			

为了不轻易送给你第九墩牌，西家选择了首攻♣Q。你计划如何完成这一定约？

解答 33

♠7
♡J 7 6 4
◇K Q 10 6 4
♣A K 3

♠K Q J 8 5 3
♡—
◇A 5
♣J 9 6 4 2

♠9 4 2
♡Q 10 9 8 2
◇9 3 2
♣Q 10

♠A 10 6
♡A K 5 3
◇J 8 7
♣8 7 5

西	北	东	南
1♠	加倍	不叫	3♡
不叫	4♡	加倍	全不叫

由于持有呆板的 **3-4-3-3** 牌型，你在叫牌过程中控制住自己仅仅应叫了 **3**♡。同伴加叫你进局，你惊讶地发现东家竟然加倍。你用♠**A** 赢进首攻的♠**K**，兑现将牌 **A**，西家垫掉一张黑桃。你准备如何继续？

现在就将吃黑桃还为机尚早。当你顶出◇**A** 后，西家将再次回攻黑桃，强迫你的明手再次将吃。而此时明手将只剩下单张♡**J**，东家将确定可以取得三墩将牌。你应当立即出方块到 **K**，并接着从明手继续出方块 **Q**。西家赢进第二轮方块后换攻梅花，明手赢进。你用精心保留的◇**J** 回到暗手，让明手将吃一次黑桃。当你兑现♣**K** 时，东家跟出♣**Q**。

至此你仅丢掉了一墩牌，面对的局势如下：

	♠— ♡J 7 ♢10 6 ♣3	
♠Q J 5 ♡— ♢— ♣J 9	N W E S	♠9 ♡Q 10 9 8 ♢— ♣—
	♠10 ♡K 5 3 ♢— ♣8	

你继续从明手打出大方块，东家用♡8 将吃。现在到了这副牌的关键时刻。在这墩牌时，你计划让南家出哪一张呢？

看上去垫掉一张梅花是对的，但不是今天！东家将回出♠9，而你只能让明手将吃，之后谁也无法阻止东家再取得两墩将牌。是的，你唯一正确的选择是垫掉♠10。随后你就可以让暗手将吃东家打出的黑桃脱手张。当你出梅花脱手时，东家不得不用他的♡Q-10-9 将吃，并抱着 Q 回攻将牌。这一被加倍的成局定约收入了你的囊中。

解答34

西	北	东	南
	♠A 5 2 ♡A 4 2 ◇Q 8 7 ♣Q 9 8 3		
♠J 9 8 4 ♡10 9 7 ◇5 2 ♣K 10 6 5		♠3 ♡K Q J 8 6 3 ◇9 6 3 ♣J 7 2	
	♠K Q 10 7 6 ♡5 ◇A K J 10 4 ♣A 4		

西	北	东	南
	1♣	**2♡**	**2♠**
不叫	**3♠**	不叫	**4NT**
不叫	**5♡***	不叫	**6♠**
全不叫			

防守你的黑桃小满贯定约，西家首攻♡10。你用明手的A赢进，兑现将牌K和A，非常失望地看到东家在第二轮时示缺。还存在什么机会能够挽回这一局势么？

如果西家在持有长将牌的同时还持有♣K，你就有机会实施终局打法。第一步是消去西家的红心。在第四墩时，你让暗手将吃一次红心；接下来用◇Q过桥，再将吃一次红心。你用手中剩余的单张将牌Q调出西家的倒数第二张将牌，然后开始奔吃你的方块。这是你准备兑现第三轮方块时的局势：

♠—
♡—
◇8
♣Q 9 8 3

♠J
♡—
◇—
♣K 10 6 5

♠—
♡Q
◇9
♣J 7 2

♠—
♡—
◇K J 10
♣A 4

如果西家拒绝将吃第三轮方块，你就继续出方块。无论他在哪一轮将吃，他都将被迫从♣K 中引出梅花；如果相反他在你兑现全部方块赢墩时一直垫牌，你就在第十二墩时兑现♣A，并交出最后一墩牌给西家的大将牌。

解答 35

	♠A K 7 5 ♡K 8 5 2 ◇A K 2 ♣A 10	
♠Q 10 3 ♡J 10 9 3 ◇J 9 8 6 5 3 ♣—	N W E S	♠9 8 4 2 ♡7 4 ◇Q 10 7 ♣J 9 6 3
	♠J 6 ♡A Q 6 ◇4 ♣K Q 8 7 5 4 2	

西	北	东	南
	2NT	不叫	4♣*
不叫	4NT*	不叫	7♣*
全不叫			

极少遇见的格博约定叫显示出北家持有三个 A，你直接跳叫到梅花大满贯。在用♡A 赢进首攻的♡J 后，你出梅花到 A，西家垫掉一张方块。你将如何继续？

我们猜想，你一定无法相信能够完成这一定约，但是将牌妙招就是致胜的打法！你从明手出♣10，依次被♣J 和♣K 盖吃。接下来你兑现方块 A 和 K，垫掉暗手的♡Q。现在你已经准备好要让暗手将吃三次来充分缩减你的将牌了——先将吃一次方块，然后用红心 K 过桥将吃一次红心，出黑桃到明手的 A 让你得以再将吃一次红心。最后你用♠K 回到明手，局势如下：

	♠7 5 ♡— ◇— ♣—	
♠Q ♡— ◇J ♣—	N W E S	♠— ♡— ◇— ♣9 6
	♠— ♡— ◇— ♣Q 8	

东家看上去有些不知所措，他以前从来没有遇到过如此才华横溢的做庄。你从明手出黑桃，并用暗手的将牌间张取得最后两墩牌。

正如你所看到的那样，在这里并不需要东家持有三张红心。你所需要的是他在两门高花中都至少持有两张，并且一共持有至少六张高花。

解答36

	♠7 4 ♡K 9 6 ◇9 7 5 ♣K 7 5 3 2	
♠A Q J 9 2 ♡4 ◇K 10 8 ♣Q J 10 8	N W E S	♠10 8 ♡10 8 7 3 ◇J 6 4 3 2 ♣6 4
	♠K 6 5 3 ♡A Q J 5 2 ◇A Q ♣A 9	

西	北	东	南
1♠	不叫	不叫	加倍
不叫	2♣	不叫	2♡
不叫	3♡	不叫	3NT
全不叫			

预计你有一些红心赢墩，西家拒绝首攻黑桃便宜你一墩牌。当西家选择首攻的♣Q摆在桌上时,你计划如何完成这一定约?

你有八个大牌赢墩。考虑到外面一共只有14个大牌点,并且西家做出过开叫,几乎可以确定他持有♠A和◇K。不再计划进行注定失败的方块飞牌,你的目标将是实施投入打法,投入西家。忍让一轮梅花首攻后,你赢进梅花续攻(如果此时西家选择转攻红心,也毫无差别)。接下来你兑现红心A、Q和K,并继续兑现梅花K。所剩牌张如下:

	♠7 4 ♡— ♢9 7 5 ♣7 5	
♠A Q 9 ♡— ♢K 10 8 ♣10	N W E S	♠10 8 ♡10 ♢J 6 4 ♣—
	♠K 6 5 ♡J 5 ♢A Q ♣—	

当你打出第四轮梅花时,从暗手垫掉一张小黑桃。西家只能用♣10 赢进,无可避免的将在黑桃或是方块中送给你第九墩。

后　记

现在，你终于和三十六个投入打法及将牌妙招的题目作战完毕。你是否享受这一过程呢？"的确如此，当将牌总是恶劣分布，永远无法摊牌时，是挺有意思的。"如果你认为这是一项非常艰苦的工作，我们表示歉意，但应对恶劣的将牌分布和为实施投入打法做准备原本就不是一件轻松的事。一分耕耘，一分收获。我们清楚这些题目很难解答，很可能是本系列书籍中最难的一组。请看看积极的一面，与以前相比，你下一次光顾当地俱乐部将会倍感轻松。你不会再轻信将牌总是3-2分布。将本书视为在健身房进行的艰苦训练，也许你并不总是享受这一过程，但你坚信长期可以获益。最后我们还要感谢你购买了本书，并祝愿你未来的桥牌一切顺利！